Mit Dienstleistungen wachsen

Marcello Camerin

Mit Dienstleistungen wachsen

Wie Sie mit der 5-Schritte-Methodik die Wettbewerbsposition Ihres Unternehmens spürbar verbessern

Marcello Camerin
Stadtallendorf, Deutschland

ISBN 978-3-658-15657-2   ISBN 978-3-658-15658-9 (eBook)
DOI 10.1007/978-3-658-15658-9

Die Deutsche Nationalbibliothek verzeichnet diese Publikation in der Deutschen Nationalbibliografie; detaillierte bibliografische Daten sind im Internet über http://dnb.d-nb.de abrufbar.

Springer Gabler
© Springer Fachmedien Wiesbaden GmbH 2017
Das Werk einschließlich aller seiner Teile ist urheberrechtlich geschützt. Jede Verwertung, die nicht ausdrücklich vom Urheberrechtsgesetz zugelassen ist, bedarf der vorherigen Zustimmung des Verlags. Das gilt insbesondere für Vervielfältigungen, Bearbeitungen, Übersetzungen, Mikroverfilmungen und die Einspeicherung und Verarbeitung in elektronischen Systemen.
Die Wiedergabe von Gebrauchsnamen, Handelsnamen, Warenbezeichnungen usw. in diesem Werk berechtigt auch ohne besondere Kennzeichnung nicht zu der Annahme, dass solche Namen im Sinne der Warenzeichen- und Markenschutz-Gesetzgebung als frei zu betrachten wären und daher von jedermann benutzt werden dürften.
Der Verlag, die Autoren und die Herausgeber gehen davon aus, dass die Angaben und Informationen in diesem Werk zum Zeitpunkt der Veröffentlichung vollständig und korrekt sind. Weder der Verlag noch die Autoren oder die Herausgeber übernehmen, ausdrücklich oder implizit, Gewähr für den Inhalt des Werkes, etwaige Fehler oder Äußerungen.

Gedruckt auf säurefreiem und chlorfrei gebleichtem Papier

Springer Gabler ist Teil von Springer Nature
Die eingetragene Gesellschaft ist Springer Fachmedien Wiesbaden GmbH
Die Anschrift der Gesellschaft ist: Abraham-Lincoln-Str. 46, 65189 Wiesbaden, Germany

Vorwort

Kleine und mittlere Unternehmen sind das Rückgrat unserer Volkswirtschaft. Damit das auch so bleibt, benötigt die Gruppe der Mittelständler eine spezielle Unterstützung aus der Forschung, die ihre speziellen betrieblichen Strukturen berücksichtigt. Kurz gesagt: es geht um eine gezielte Innovationsförderung und darum, fehlende Kapazitäten vor allem im Bereich der Forschung und Entwicklung im Mittelstand auszugleichen.

Vor diesem Hintergrund entstand dank vielfältiger öffentlicher Förderung die 5-Schritte-Methode des Service Engineering. Ziel dieser Forschungsarbeit war es, den Mittelständlern ein Hilfsmittel an die Hand zu geben, mit dem sie die in ihren Unternehmen bereits vorhandenen Dienstleistungen bewerten, weiterentwickeln und schließlich neue Services entwickeln können. Dies sollte einerseits mit wissenschaftlicher Systematik und andererseits mit möglichst einfachen, allerdings wirkungsvollen Instrumenten und Methoden erfolgen. Mittlerweile haben in ganz Deutschland mit diesem Ansatz eine deutlich dreistellige Zahl von Betrieben ihre Dienstleistungen verbessern können.

Im Anschluss an die Erarbeitung der 5-Schritte-Methode und diverse Publikationen über Einsatz und Erfolg dieser systematischen Vorgehensweise erfolgte in den vergangenen Jahren ein öffentlich gefördertes Train-the-trainer-Programm in Baden-Württemberg. Mittlerweile haben über 120 Unternehmensberater in speziellen Seminaren die Arbeitsweise zur systematischen Entwicklung von Dienstleistungen in KMU gelernt. Sie setzen seitdem ihr neu erworbenes Wissen als sogenannte Dienstleistungsberater erfolgreich in vielen kleinen und mittleren Betrieben aller Branchen ein. Parallel zur Weiterbildung der Unternehmensberater wurden in der Vergangenheit Hunderte Mittelständler meist ebenfalls aus Baden-Württemberg auf zahlreichen Unternehmerabenden mit der 5-Schritte-Methode vertraut gemacht.

Trotz dieser Erfolge erfasst der Wissenstransfer aus der Dienstleistungsforschung in Deutschland, im Gegensatz zum Technologietransfer, den Mittelstand noch nicht in voller Breite. Viele Forschungsergebnisse – sieht man einmal von der 5-Schritte-Methode des Service Engineering ab – sind in der betrieblichen Praxis häufig nicht bekannt oder für die praxisnahe Anwendung in KMU zu komplex. Wir haben es hier mit einer sogenannten Transferlücke zu tun. Die Auswirkungen dieses Informationsstaus auf die Wettbewerbsfähigkeit und die Profitabilität deutscher Mittelständler ist nicht einmal annähernd abzuschätzen. Umso erfreulicher ist es, dass es Ausnahmen von dieser Regel gibt. Die 5-Schritte-Methode ist geradezu ein Referenzbeispiel dafür, wie wissenschaftliche Forschungsergebnisse aus der Dienstleistungsforschung für die betriebliche Praxis aufbereitet werden sollten.

Der Unternehmer Marcello Camerin hat jetzt dankenswerterweise den Versuch unternommen, seine eigenen unternehmerischen Erfahrungen bei der Entstehung der 5-Schritte-Methode des Service Engineering darzustellen. Er war als Pilotbetrieb wesentlich an der methodischen Entwicklung dieser Arbeitsweise beteiligt und stellt an dieser Stelle sowohl eigene Erkenntnisse als auch die Vorgehensweisen und Beobachtungen vieler anderer Pilotbetriebe vor. Diese empirischen Ergebnisse bilden den praktischen Hintergrund für die Darstellung der wichtigsten Instrumente und Methoden, die im Rahmen der 5-Schritte-Methode

Prof. Dr.-Ing. Giuseppe Strina, Vertretungsprofessor für Dienstleistungsmanagement in KMU und Handwerk an der Universität Siegen

Vorwort

zum Einsatz kommen. Mit seiner Darstellungsweise konkreter betriebspraktischer Anforderungen und Herausforderungen eingebunden in die verständliche Darstellung des theoretischen Handwerkszeugs für ein erfolgreiches Service Engineering in KMU betritt Marcello Camerin Neuland in der Dienstleistungsliteratur. Damit gelingt es ihm auf methodisch eindrucksvolle und für jeden Unternehmer nachvollziehbare Art und Weise, die Transferlücke an einer entscheidenden Nahtstelle zwischen Forschung und Wirtschaft überzeugend zu überbrücken.

Siegen, Deutschland   Prof. Dr.-Ing. Giuseppe Strina

Danksagung

Mein ausdrücklicher Dank gilt den Menschen, die mich indirekt und direkt ermutigt und unterstützt haben, dieses Buch zu realisieren: Meinen Eltern, M. Bendler, R. Myritz, Professor G. Strina, E. Heinen, D. Harms, J. Reintgen, Institut für Technik der Betriebsführung (itb) stellv. Professorin E. Ester, B. Ehgart, T. Fischer, M. Müller, A. Tirmizi, Professor M. Grömling, Jörg Kopatz, allen Interviewpartnern, meinen Studenten und Kooperationspartnern, meinen Mitarbeitern, F. D`agosta, Steinbeis-Transfer-Institut Marburg der Steinbeis-Hochschule Berlin (SHB) stellv. M.-L. Koch, Philipps-Universität Marburg stellv. Professor M. Lingenfelder und Professor M. Stephan, Projekt- und Forschungsteam-Mitgliedern/Kollegen, Kunden, Freunden sowie R.-G. Hobbeling (Executive Editor Springer Gabler).

Marcello Camerin

Inhaltsverzeichnis

1 Einführung.. 1
 Literatur... 3
2 Die 5-Schritte-Methode des Service Engineering im
 Überblick.. 5
 Literatur... 8
3 Erster Schritt: So ermitteln Sie Ihre aktuelle
 Dienstleistungssituation....................................... 9
 3.1 Definieren Sie die Kundenkontaktstellen.................... 11
 3.2 Einzelbewertung von Dienstleistungen...................... 13
 3.3 Messen der Stärken und Schwächen des Unternehmens.......... 19
 3.4 Zusammenfassung.. 24
 Literatur... 25
4 Zweiter Schritt: So bestimmen Sie Ihre
 Dienstleistungsziele und Ihre Dienstleistungsstrategie........... 27
 4.1 Zielbestimmung mit der SMART-Methode..................... 29
 4.2 Strategie-Entwicklung mit Hilfe der Wettbewerbsmatrix...... 31
 4.3 Zusammenfassung.. 34
 Literatur... 35
5 Dritter Schritt: Sie ermitteln das Dienstleistungspotential
 Ihres Unternehmens und entwickeln und bewerten
 neue Dienstleistungsideen...................................... 37
 5.1 Ermitteln Sie das Dienstleistungspotential
  Ihres Unternehmens...................................... 37
 5.2 Ideenentwicklung mit dem Morphologischen Tableau.......... 40

5.3 Überprüfen Sie einen möglichen Markterfolg
mit Hilfe der SWOT-Analyse 44
5.4 Zusammenfassung 47
Literatur... 47

6 Vierter Schritt: So gestalten Sie effizient Ihren Dienstleistungsprozess 49
6.1 Visualisieren Sie den Dienstleistungsprozess durch Blueprinting.. 49
6.2 Inszenieren Sie den Dienstleistungsprozess im Labor............ 54
6.3 Entwickeln Sie eine Checkliste mit Problemlösungsmethoden................................. 59
6.4 Zusammenfassung 61
Literatur... 62

7 Fünfter Schritt: So kontrollieren Sie Ihr Dienstleistungsergebnis 63
7.1 So nutzen Sie eine Kundenbefragung 64
7.2 Verwenden Sie die Erweiterte Kontierung als Mittel der Erfolgskontrolle 66
7.3 Setzen Sie die Portfolio-Analyse als Mittel der Erfolgskontrolle ein.. 70
7.4 Zusammenfassung 73
Literatur... 75

8 Ausblick: Wie Sie Ihre Dienstleistungsproduktivität ermitteln können – der Einsatz des Service Navigators für KMU... 77
8.1 Zusammenfassung 81
Literatur... 82

Glossar 83

Abbildungsverzeichnis

Abb. 2.1	Die 5-Schritte-Methode des itb zum Service Engineering	6
Abb. 3.1	Kundenkontaktkreis	11
Abb. 3.2	Aktivitätenfilter	14
Abb. 3.3	Aktivitätenfilter Eis-Café Camerin, Teil 1	17
Abb. 3.4	Aktivitätenfilter Eis-Café Camerin, Teil 2	18
Abb. 3.5	Checkliste 1 – Ermittlung von Kundenbedürfnissen, Inszenieren des DL-Prozesses und Visualisieren des DL-Ergebnisses des Eis-Cafés Camerin	21
Abb. 3.6	Checkliste 2 – Ermittlung von Kundenbedürfnissen, Inszenieren des DL-Prozesses und Visualisieren des DL-Ergebnisses des Eis-Cafés Camerin	22
Abb. 3.7	Checkliste 3 – Ermittlung von Kundenbedürfnissen, Inszenieren des DL-Prozesses und Visualisieren des DL-Ergebnisses des Eis-Cafés Camerin	23
Abb. 4.1	Kundenerwartungen an eine Dienstleistung	28
Abb. 4.2	SMART-Methode der Emil Vollmer Gebäudereinigung GmbH	30
Abb. 4.3	Wettbewerbsmatrix zur Bestimmung der Dienstleistungsstrategie	32
Abb. 5.1	Einwirkungsmöglichkeiten auf den Kunden, Teil 1 und 2	39
Abb. 5.2	Morphologisches Tableau Gebäudereinigung	41
Abb. 5.3	SWOT-Analyse Kull Schmiede + Design GmbH	45
Abb. 6.1	Service Blueprint Bergmann (vgl. Myritz 2009, S. 18)	50

Abb. 6.2	Übersicht Problemlösungen Eis-Café Camerin	60
Abb. 7.1	Kundenbefragung der Emil Vollmer Gebäudereinigung GmbH	65
Abb. 7.2	Erweiterte Kontierung	67
Abb. 7.3	Auswertungstabelle Erweiterte Kontierung	68
Abb. 7.4	Portfolio-Analyse, Blatt 1	72
Abb. 7.5	Portfolio-Analyse, Blatt 2	74
Abb. 8.1	Service Navigator für KMU	79

Der Autor

Marcello Camerin, M.A. (WiWi) gründete 1993 die Firma Camerin, die er Zug um Zug um Filialbetriebe erweiterte und seit 2004 als Franchisegeber führt. 2008 wurde er als einer von zehn „Vorreiter-Betrieben" im Kontext Service Engineering vom Bundesministerium für Bildung und Forschung (BMBF) ausgezeichnet. 2013 wurde er als „Unternehmer des Monats" von der Hessischen Landesregierung geehrt. Im Jahre 2013 erhielt er eine Auszeichnung für sein dreijähriges Forschungsprojekt „Prodik – Produktivitätsmanagement für Dienstleistungen" u. a. von der Universität Duisburg und dem BMBF. 2015 zeichnete ihn das hessische Sozialministerium für sein beispielhaftes soziales Engagement aus. Dazu kommt eine Dozententätigkeit an dem Steinbeis-Transfer-Institut Marburg, der Steinbeis-Hochschule Berlin SHB sowie Phillipps Universität Marburg und an Handwerksakademien in Betriebswirtschaftslehre, Personalführung/-entwicklung, Projektmanagement sowie im Bereich Coaching und Human Development, in denen Marcello Camerin auch Erfahrungen aus seinem Leben als Extremsportler teilt. In weiteren Forschungsfragen beschäftigt sich der Wirtschaftswissenschaftler mit integrativer Institutionenethik (Stakeholdermanagement) sowie in einem neuen BMBF-Projekt mit Handlungsfeldern für eine präventive Arbeitsgestaltung in der digitalen Arbeitswelt 4.0. Darüber hinaus ist er vom BMBF als Gutachter für „Technikbasierte Dienstleistungssysteme" berufen. Unternehmen unterschiedlicher Größen buchen Marcello Camerin als Keynote-Speaker, Berater und Coach zu Themen wie Service Engineering, Human-Development und Projekt-Marketing.

Einführung 1

Dienstleistungen sind der wichtigste Wirtschaftsfaktor für Deutschland: Laut dem Statistischen Bundesamt trug dieser Sektor im Jahr 2015 rund 69 % zur Bruttowertschöpfung in Deutschland bei (http://de.statista.com/statistik). Doch auch außerhalb des klassischen Dienstleistungssektors werden Dienstleistungen immer wichtiger. Ihre Bedeutung für das Wachstum und die Wettbewerbsfähigkeit von Unternehmen ist mittlerweile unbestritten, ganz gleich, ob es sich um rein personenbezogene, wissensintensive oder produktbegleitende Dienstleistungen handelt.

Dennoch tun sich besonders kleine und mittlere Unternehmen (KMU) schwer damit, ihre bereits vorhandenen Dienstleistungen zu optimieren oder gar zusätzliche Dienstleistungen neu zu entwickeln. Die jüngste Unternehmensumfrage des Zentralverbands des Deutschen Handwerks (ZDH) auf der Basis der Umsatzentwicklung ergab, dass der Anteil aller handwerklichen Dienstleistungen zwischen 2008 und 2012 lediglich marginal von 34,8 auf 36,4 % gewachsen ist (Myritz 2016, S. 36). Im Vergleich zur Industrie mit einem rund 70prozentigen Anteil des Dienstleistungssektors an der Bruttowertschöpfung ist für das Handwerk also ein offensichtlicher Nachholbedarf zu erkennen.

Dies gilt umso mehr, wenn deutlich wird, wie stark sich viele Produkte selbst aus handwerklicher Fertigung mittlerweile gleichen, bedingt vor allem durch den Einsatz ähnlicher Materialien und vergleichbarer Produktionstechniken. Dazu kommt die Notwendigkeit für sämtliche Produzenten, vorgegebene Normen und Regeln einzuhalten. Für viele Mittelständler ist es deshalb schon heute äußerst schwierig, sich von den Wettbewerbern im Markt zu unterscheiden und ihren Kunden ein Produkt mit einem Alleinstellungsmerkmal anzubieten. Mit Dienstleistungen gelingt dies erfahrungsgemäß wesentlich schneller. Vielen Unternehmen ermöglichen sie sogar Wege aus der Krise. So lassen sich beispielsweise durch die Kombination von Services mit innovativen Technologien neue Geschäftsfelder erschließen.

© Springer Fachmedien Wiesbaden GmbH 2017
M. Camerin, *Mit Dienstleistungen wachsen*,
DOI 10.1007/978-3-658-15658-9_1

Es kann entscheidend für Sie sein, die Chancen besser zu nutzen, die Ihnen als Mittelständler der aktuelle Entwicklungstrend von der Produktfertigung hin zur Dienstleistungsökonomie bietet, der sogenannten Tertiarisierung. Dass dies bisher nicht bzw. nicht genügend von vielen Unternehmern genutzt wird, hängt zunächst mit der meist recht dünnen Personaldecke der Mittelständler zusammen. Andererseits macht es jedoch auch einen großen Unterschied, ob im Unternehmen etwa eine neue Maschine produziert wird oder aber ob man sich mit einer Dienstleistung beschäftigt, die typischerweise erst in dem Augenblick sichtbar ist, in dem sie vom Kunden konsumiert wird. Bis zu diesem Moment ist sie unsichtbar. Darüber hinaus ist die Dienstleistung auch nicht lagerfähig wir irgendein Produkt. Sie ist immer ein Unikat und deshalb besonders anfällig für Fehler (Harms, D-J et al. 2009, S. 6).

Für den häufig sehr technikaffinen Mittelständler kann deshalb die ungewohnte Herangehensweise an dieses Problem selbst zum Problem werden. Dabei wird es für seinen nachhaltigen unternehmerischen Erfolg immer wichtiger, den Kunden nicht nur qualitativ hochwertige Produkte, sondern vollständige Problemlösungen möglichst noch aus einer Hand anzubieten. Diese Aufgabe zwingt ihn mehr und mehr dazu, sich als kompetenter Dienstleister am Markt zu profilieren, der seinen Kunden sachgerechte und möglichst originelle Ideen anbieten muss (Myritz 2014, S. 4).

Die in der vorliegenden Publikation aus unternehmerischer Perspektive dargestellte 5-Schritte-Methode des Service Engineering für KMU ist die Antwort auf das Dienstleistungs-Dilemma vieler Mittelständler, namentlich im deutschen Handwerk. Wollen Sie die Entwicklung neuer Dienstleistungen und damit die Existenz Ihres Unternehmens im Markt nicht dem Zufall überlassen, müssen Sie sich der Herausforderung stellen und Ihr Dienstleistungs-Portfolio beständig optimieren und ausweiten. Die Lösung besteht in einer systematischen Herangehensweise, eben der 5-Schritte-Methode.

Dienstleistungsexperten des Instituts für Technik der Betriebsführung (itb) Karlsruhe haben gemeinsam mit dem Autor und anderen Unternehmern mehrerer Pilotbetriebe diese Methodik des Service Engineering erarbeitet und im Rahmen mehrerer öffentlich geförderter Forschungsprojekte stetig weiterentwickelt. Maßgeblich unterstützt wurde dies durch die Projektpartnerschaft des itb mit dem Fraunhofer-Institut für Arbeitswirtschaft und Organisation (IAO) in Stuttgart. Für den Erfolg dieser Vorgehensweise entscheidend war es jedoch, dass die 5-Schritte-Methode des Service Engineering permanent unter den besonderen Bedingungen von KMU praktisch erprobt und die Methodik dabei immer wieder der betrieblichen Realität angepasst wurde.

In der vorliegenden Publikation sind die interessantesten und für die Verwendung der jeweils dargestellten Lösungsmethoden wichtigsten betrieblichen Fragestellungen aus der Entwicklungszeit der 5-Schritte-Methode in Form knapper Praxis-Fallstudien jeweils im *Kursivsatz* dargestellt. Viele der hier zum Einsatz kommenden Instrumente und Methoden sind dem Ingenieurwesen entlehnt und auf die Bedürfnisse mittelständischer Betriebe umgeschrieben worden. Damit liegt ein neuartiger „Werkzeugkasten" vor, mit dem Sie als Unternehmer – tatkräftig unterstützt von Ihren Mitarbeitern – in der Lage sind, systematisch neue Dienstleistungen zu entwickeln und damit einen konkreten und nachprüfbaren betrieblichen Nutzen zu generieren.

Die 5-Schritte-Methode empfiehlt die Verwendung einer ganzen Reihe von Instrumenten, von denen jedoch nur die wichtigsten in die vorliegende Publikation Eingang finden konnten. Aus didaktischen Gründen und um ein leichteres Verständnis zu erreichen, zeigen die meisten der hier vorgestellten Abbildungen das bereits bearbeitete Instrument, also das Ergebnis des Einsatzes der jeweiligen Methode am konkreten unternehmerischen Beispiel. Der Unternehmer, der das Service Engineering in seinem Unternehmen einführen möchte, findet die hier verwendeten Instrumente als Downloads auf dieser itb-Website: www.itb.de/Forschung/Dienstleistungs-Gestaltung.

Literatur

Harms, D.-J., Heinen, E., Kuiper, K., Myritz, R., Nenninger, B., Otto, U., & Strina, G. (2009). *Dienstleistungen systematisch entwickeln – Ein Methoden-Leitfaden für den Mittelstand*. Köln: Gebrüder Kopp.
Myritz, R. (2014). *Service Engineering – in fünf Schritten zur neuen Dienstleistung*. Köln: Gebrüder Kopp.
Myritz, R. (2016). Geschäftsmodelle mit Methode, in Handwerk Magazin 4/2016, S. 36, Bad Wörishofen, Holzmann Verlag.
http://de.statista.com/statistik/daten/studie/36846/umfrage/anteil-der-wirtschaftsbereiche-am-bruttoinlandsprodukt/. Zugegriffen: 5. Aug. 2016.

Die 5-Schritte-Methode des Service Engineering im Überblick

2

Moderne Dienstleistungs-Systeme systematisch zu entwickeln – das ist die zentrale Forderung und Aufgabe des Service Engineering (Meyer und Böttcher 2011, S. 8).

Service Engineering: Unter diesem Begriff versteht man ein innovatives und interdisziplinäres Aufgabenfeld, das sich mit Vorgehensweisen, Methoden und Werkzeugen für die Entwicklung von Dienstleistungen beschäftigt. Dabei wird nach Antworten auf die Frage gesucht, was sich im Unternehmen planmäßig entwickeln lässt und wie dies geschieht (Meyer und Böttcher 2011, S. 8).

Der Prozess des Service Engineering soll Ihnen dabei helfen, das Ergebnis Ihres jeweiligen Kerngeschäfts dem Kunden besser, schneller oder hochwertiger zur Verfügung zu stellen.

Kerngeschäft: Dabei handelt es sich entweder um die Herstellung von Produkten oder Dienstleistungen. In den meisten Fällen bieten Unternehmen in ihrem Kerngeschäft den Kunden heute einen wohldosierten Mix aus Produkten und Dienstleistungen an (Harms, D-J et al. 2009, S. 12). Das Kerngeschäft eines Unternehmens verändert sich permanent und folgt gewöhnlich den sich ändernden Kundenwünschen. Damit verbunden ist also die Möglichkeit, ja die Notwendigkeit für Sie, Ihre bereits angebotenen Dienstleistungen stets zu optimieren und zusätzliche Dienstleistungen neu zu entwickeln.

Meist entsteht die Idee für eine neue Dienstleistung als unmittelbare Folge einer Kundenanforderung „ad hoc" und nicht als Folge eines strukturierten systematischen Vorgehens. Damit werden häufig Chancen vergeben, die die Wettbewerbsfähigkeit eines Unternehmens nachhaltig erhöhen oder möglicherweise ein wichtiges Alleinstellungsmerkmal hervorheben könnten. Die 5-Schritte-Methode des itb zum Service Engineering ist eine in der betrieblichen Praxis entwickelte und erprobte Arbeitsweise und soll Ihnen helfen, in Ihrem Unternehmen

2 Die 5-Schritte-Methode des Service Engineering im Überblick

systematisch ein innovatives Dienstleistungsangebot zu entwickeln (Myritz 2014, S. 4 ff.). Die Kenntnis der **5-Schritte-Methode des itb zum Service Engineering** (vgl. Abb. 2.1) befähigt Sie zu einer weitgehend selbständigen systematischen Entwicklung von Dienstleistungen in Ihrem Unternehmen. Die hier empfohlene Systematik kann Ihnen als „roter Faden" dienen, wenn Sie die methodische Struktur des Entwicklungsprozesses unverändert übernehmen und auf die Strukturen und Prozesse Ihres Unternehmens anwenden.

Die 5-Schritte-Methode	Betrieb:		Datum		
	Geschäftsfeld:		Blatt		
Schrittfolge	**Instrumente bzw. Methoden**	**Nutzen**			
1. Schritt Aktuelle Dienstleistungssituation ermitteln	▶ Kundenkontaktkreis	Existierende Mehrwert-Dienstleistungen auffinden, Unterscheidung von Kern- und Mehrwert-Dienstleistungen, konkrete Kontaktstellen zum Kunden ermitteln			
	▶ Aktivitätenfilter (vgl. Abb. 3)	Einzelbewertung der Dienstleistung möglich, strategische Bedeutung vorhandener Dienstleistungen definieren, Wert der Dienstleistung und Zahlungsbereitschaft des Kunden feststellen, bisher ungenutzte Einnahmequellen auffinden, Kundennutzen ermitteln			
	▶ Checklisten Stärken-Schwächen-Analyse	Dienstleistungskompetenz ermitteln, Entwicklungspotential feststellen			
	▶ Umfeldanalyse	Vergleich zu Wettbewerbern analysieren			
2. Schritt Dienstleistungsziele und Dienstleistungsstrategie entwickeln	▶ SMART-Methode	Konkrete und nachprüfbare Zielformulierung für die Entwicklung neuer Dienstleistungen im Rahmen einer Zielvereinbarung möglich			
3. Schritt Dienstleistungspotential ermitteln, Ideen entwickeln und bewerten	▶ Morphologisches Tableau (vgl. Abb. 4)	Systematisches Auffinden neuer Dienstleistungsideen mit zahlreichen verschiedenen Lösungsansätzen,			
	▶ SWOT-Analyse (vgl. Abb. 5)	Innere Stärken und Schwächen sowie äußere Chancen und Risiken eines Unternehmens mit Blick auf zukünftige Dienstleistungsideen analysieren			
4. Schritt Dienstleistungsprozess gestalten	▶ Service Blueprint (vgl. Abb. 6)	Detaillierte und transparente Darstellung eines konkreten Dienstleistungsprozesses in Form eines chronologischen Ablaufdiagramms, Entwickeln einer konkreten Vorgehensweise beim Erarbeiten neuer Dienstleistungen (Planungsinstrument), mögliche Fehlerquellen auffinden (Optimierungsinstrument)			
	▶ Inszenierung, Visualisierung	Mögliche neue Vorgehensweisen entdecken, Instrument für Mitarbeiterinformation und Mitarbeitermotivation			
5. Schritt Dienstleistungsergebnis kontrollieren	▶ Kundenbefragung	Einfachste und kostengünstigste Erfolgskontrolle			
	▶ Erweiterte Kontierung	Erfassung und Analyse der Kunden- und Leistungsstruktur durch zusätzliche Gliederung der Erlöskonten in der Buchhaltung, Möglichkeit der Bildung strategischer Geschäftsfelder, bessere Planbarkeit neuer Aktivitäten, Kostenersparnis			
	▶ Portfolio-Analyse	Geschäftsfelder nach Attributen überprüfen, die die Grenzen im Portfolio vorgeben			
	▶ Kundenzufriedenheitsanalyse	Systematisierte Kundenbefragung, wichtiges Instrument der Erfolgskontrolle			

Abb. 2.1 Die 5-Schritte-Methode des itb zum Service Engineering. (vgl. Myritz 2014, S. 5)

2 Die 5-Schritte-Methode des Service Engineering im Überblick

Für jeden der fünf Schritte stehen Ihnen geeignete Methoden oder Instrumente zur Verfügung, die aus dem ingenieurtechnischen Bereich kommen bzw. einen betriebswirtschaftlichen Hintergrund haben. Gemeinsam ist allen diesen Methoden, dass sie leicht verständlich sind und in den meisten Fällen ohne externe fachliche Beratung eingesetzt werden können. In den folgenden Kapiteln lernen Sie die wichtigsten dieser Instrumente, ihre Funktionsweise und ihren konkreten Nutzen für Ihr Unternehmen kennen.

Im ersten Schritt ermitteln Sie Ihre aktuelle Dienstleistungssituation. Sie analysieren den Ist-Zustand des Dienstleistungs-Portfolios in Ihrem Unternehmen, um sich über Ihre augenblickliche Situation im Klaren zu sein. Dabei orientieren Sie sich am sogenannten Leistungszyklus Ihres Unternehmens, also am allgemeinen Auftragsdurchlauf. Mit Hilfe des Kundenkontaktkreises und eines Aktivitätenfilters entdecken Sie bereits existierende Dienstleistungen, bewerten sie und definieren ihre strategische Bedeutung. Anschließend ermitteln Sie Ihre Dienstleistungskompetenz und stellen bei dieser Gelegenheit zugleich das Entwicklungspotential Ihres Unternehmens fest. Zu diesem Zweck verwenden Sie Checklisten für eine Stärken-Schwächen-Analyse und ziehen nach Möglichkeit eine Umfeldanalyse zu Rate, um sich mit Ihnen bekannten Wettbewerbern besser vergleichen zu können. Am Ende dieses ersten Schrittes verfügen Sie über einen Überblick über sämtliche bestehenden Dienstleistungen in Ihrem Unternehmen und wissen bereits recht genau, wie gut Sie für eine Weiter- oder Neuentwicklung von Dienstleistungen gerüstet sind.

Im zweiten Schritt bestimmen Sie Ihre Dienstleistungsziele und Ihre Dienstleistungsstrategie. Mit der soeben erworbenen Kenntnis des Entwicklungspotentials Ihres Unternehmens entscheiden Sie nun, welche Kundenbereiche Sie zukünftig mit welcher strategischen Intention bearbeiten wollen. Hier gilt der Mut zur Nische. Dazu ziehen Sie erneut den Kundenkontaktkreis heran und entscheiden, in welchen Phasen des betrieblichen Leistungszyklus die von Ihnen angestrebte strategische Intention mit welchen neuen oder auch überarbeiteten Dienstleistungsangeboten erreicht werden kann. Damit Sie sich mit Ihren Zielstellungen nicht verzetteln, sind konkrete und nachprüfbare Ziele zu formulieren. Deshalb bietet sich hier beispielsweise der Einsatz der SMART-Methode an.

Im dritten Schritt ermitteln Sie das Dienstleistungspotential Ihres Unternehmens und entwickeln und bewerten Ihre neuen Dienstleistungsideen. Sie stellen Ihre Arbeit zur Optimierung des Dienstleistungspotentials Ihres Unternehmens auf eine breite und darüber hinaus auch sehr kompetente Basis, wenn Sie sich spätestens jetzt der Unterstützung Ihrer Mitarbeiter versichern und sie in Ihre Entwicklungsarbeit aktiv einbeziehen. Um Ihre Vorgehensweise auch weiterhin systematisch zu strukturieren, verwenden Sie jetzt ein Morphologisches Tableau, um unterschiedliche Lösungsansätze für neue Dienstleistungsideen aufzufinden. Der Einsatz der SWOT-Analyse ermöglicht Ihnen darüber hinaus eine Analyse der inneren Stärken und Schwächen Ihres Unternehmens sowie der äußeren Chancen und Risiken für diese Ideen. Damit bewerten Sie Ihre vielversprechenden neuen Dienstleistungsideen bereits auf mögliche Marktchancen hin.

Im vierten Schritt gestalten Sie effizient Ihren Dienstleistungsprozess. Jetzt geht es darum, die ersten Ihrer Ideen systematisch umzusetzen und ihren Ablauf nicht dem Zufall oder aber allein der Erfahrung zu überlassen, getreu dem Satz: Das haben wir schon immer so gemacht. Die detaillierte und transparente Darstellung eines konkreten Dienstleistungsprozesses ist beispielsweise mit Hilfe eines Service-Blueprints möglich. Sie gestalten hier ein chronologisches Ablaufdiagramm Ihres Dienstleistungsprozesses bzw. eines entsprechenden Ausschnitts dieses Prozesses. Dabei gewinnen Sie einen ersten Eindruck über die mögliche Wahrnehmung Ihrer neuen Dienstleistung durch den Kunden und entdecken gleichzeitig mögliche Fehlerquellen. Mit Hilfe speziell entwickelter Methoden inszenieren und visualisieren Sie anschließend den neuen Dienstleistungsprozess und optimieren gleichzeitig seinen späteren Einsatz.

Im fünften Schritt kontrollieren Sie Ihr Dienstleistungsergebnis, um auch jetzt nichts dem Zufall zu überlassen. Die einfachste und effektivste Form der Ergebniskontrolle besteht in einer Kundenbefragung. Mit Hilfe einer Erweiterten Kontierung haben Sie ein zusätzliches Instrument in der Hand, Ihre Kunden- und Leistungsstruktur noch detaillierter zu erfassen und zu analysieren. Eine Portfolio-Analyse eröffnet Ihnen die Möglichkeit, Ihre Geschäftsfelder nach konkreten Attributen zu überprüfen und Ihr Dienstleistungspotential beispielsweise nach möglichen neuen Entwicklungen hin zu untersuchen. Eine Kundenzufriedenheitsanalyse unter Einbeziehung eines Excel-Netzdiagramms ermöglicht Ihnen neben einer Kundenbefragung eine schnelle Übersicht über eventuelle Defizite beim Erreichen Ihrer Ziele und erleichtert Ihnen die Bewertung Ihrer Dienstleistungen.

Literatur

Harms, D.-J., Heinen, E., Kuiper, K., Myritz, R., Nenninger, B., Otto, U., & Strina, G. (2009). *Dienstleistungen systematisch entwickeln – Ein Methoden-Leitfaden für den Mittelstand*. Köln: Gebrüder Kopp.

Meyer, K., & Böttcher, M. (2011). Entwicklungspfad Service Engineering 2.0, Neue Perspektiven für die Dienstleistungsentwicklung, Leipziger Beiträge zur Informatik (Bd. XXIX). Leipzig.

Myritz, R. (2014). *Service Engineering – in fünf Schritten zur neuen Dienstleistung*. Köln: Gebrüder Kopp.

Erster Schritt: So ermitteln Sie Ihre aktuelle Dienstleistungssituation

3

Systematisches Vorgehen setzt zu Beginn stets die Ermittlung der Ist-Situation voraus. Dabei ist es hilfreich, ein Modell zu verwenden, um Analysedaten zu ordnen und sich so einen besseren Überblick zu verschaffen. Dies geschieht am einfachsten, indem Sie sich am sogenannten Leistungszyklus Ihres Betriebs orientieren. Dieser Leistungszyklus umfasst den allgemeinen Auftragsdurchlauf, der aus insgesamt vier Phasen besteht (Myritz 2014, S. 6):

- **Informationsphase:** alle Aktivitäten, die der Information potentieller Kunden über Art und Umfang von Produkten oder Dienstleistungen dienen, z. B. in Werbeanzeigen oder Flyern, als Internetpräsentationen, auf Messen usw.
- **Angebots/Kaufphase:** alle Aktivitäten im Vorfeld von Vertrags- oder Kaufabschlüssen, meist im Dialog mit den Kunden, z. B. in Form von Online-Bestellungen, in Ausstellungsräumen, bei einer Angebotserstellung usw.
- **Auftragsausführungsphase:** alle Aktivitäten während der eigentlichen Leistungserbringung, also während der Produktion oder einer Dienstleistungserbringung, z. B. ein Hol- und Bringdienst, Terminvereinbarungen, ein Urlaubsservice usw.
- **Nutzungsphase:** alle Aktivitäten im Anschluss an die Auftragsausführung, z. B. eine Nachbetreuung des Kunden, das Schalten einer Hotline, eine Kundenbefragung usw.

Um sämtliche Dienstleistungen eines Unternehmens zu erfassen, empfiehlt es sich, im betrieblichen Leistungszyklus nach konkreten Kontaktstellen (Touchpoints) des Unternehmens zum Kunden zu suchen. Dabei werden zwangsläufig die Besonderheiten von Dienstleistungen erkennbar, denn exakt an diesen Kundenkontaktstellen werden Dienstleistungen sowohl erstellt als auch konsumiert.

Der Kontakt zum Kunden ist für die Erbringung einer Dienstleistung in jedem Fall notwendig, denn eine Dienstleistung ist gegenstandslos, also bis zum Zeitpunkt ihres Kaufs unsichtbar. Sie ist das Versprechen eines Unternehmens auf eine Leistung dem Kunden gegenüber, die erst in der Zukunft erbracht wird. Außerdem gilt: Eine Dienstleistung wird immer „just in time" erbracht, weil sie nicht wie ein Produkt lagerfähig ist (Harms, D-J et al. 2009, S. 6).

Dienstleistungen werden im Augenblick ihrer Erbringung an der Kundenkontaktstelle in Form von Kundenzufriedenheit sogar messbar. Angesichts der Schwierigkeit, eine Dienstleistung zu quantifizieren, ist die Kundenzufriedenheit der beste Gradmesser für ihre Qualität. Zu den Besonderheiten einer Dienstleistung gehört also zwangsläufig ihre Personenbezogenheit. Dabei ist es unerheblich, ob es sich bei der Dienstleistung um eine ausschließlich personenbezogene Form handelt (z. B. Altenpfleger, Kellner usw.), um eine wissensintensive Form (z. B. Unternehmensberatung, Architekt usw.) oder aber um eine produktbezogene Form (z. B. Maschinenwartung, Ersatzteillieferung usw.).

Je nachdem, welches Kerngeschäft das Unternehmen betreibt, wird außerdem zwischen Kern-Dienstleistungen und Mehrwert-Dienstleistungen unterschieden.

Kern-Dienstleistung: Unter diesem Begriff versteht man eine Leistung, die vom Kerngeschäft des Unternehmens ausgeht (Harms, D-J et al. 2009, S. 49).

Mehrwert-Dienstleistung: Sie dient dazu, das Kerngeschäft eines Unternehmens gegebenenfalls durch zusätzliche Angebote zu fördern (Harms, D-J et al. 2009, S. 50).

Im optimalen Fall entsteht durch das Zusammenfügen von technischen Kern-Leistungen und geeigneten Mehrwert-Dienstleistungen für den Kunden ein komplett neues Problemlösungspaket – und für das Unternehmen ein neues Geschäftsfeld.

Es ist für Sie von größter Wichtigkeit, alle Kundenkontaktpunkte zu ermitteln, an denen Ihr Unternehmen und Ihre Mitarbeiter in einen direkten Kontakt zum Kunden treten. An diesen Punkten besteht die Möglichkeit einer unmittelbaren gegenseitigen Einflussnahme. Hier empfängt der Kunde nicht nur die Dienstleistung, sondern er bewertet sie gleichzeitig, indem er seine Zufriedenheit über die geleisteten Dienste äußert. Überdies artikuliert er hier möglicherweise auch weitere Bedürfnisse und gibt Ihnen damit die Chance zur Optimierung von Kern-Dienstleistungen oder gar zur Entwicklung neuer Mehrwert-Dienstleistungen.

3.1 Definieren Sie die Kundenkontaktstellen

An diesem Punkt der Ist-Analyse beginnen Sie damit, Ihre bereits angebotenen Dienstleistungen in Kern- und Mehrwert-Dienstleistungen zu unterscheiden und sie den einzelnen Phasen des Leistungsprozesses in Ihrem Unternehmen zuzuordnen. Als Hilfsmittel für diese Auflistung dient Ihnen der sogenannte **Kundenkontaktkreis** (vgl. Abb. 3.1).

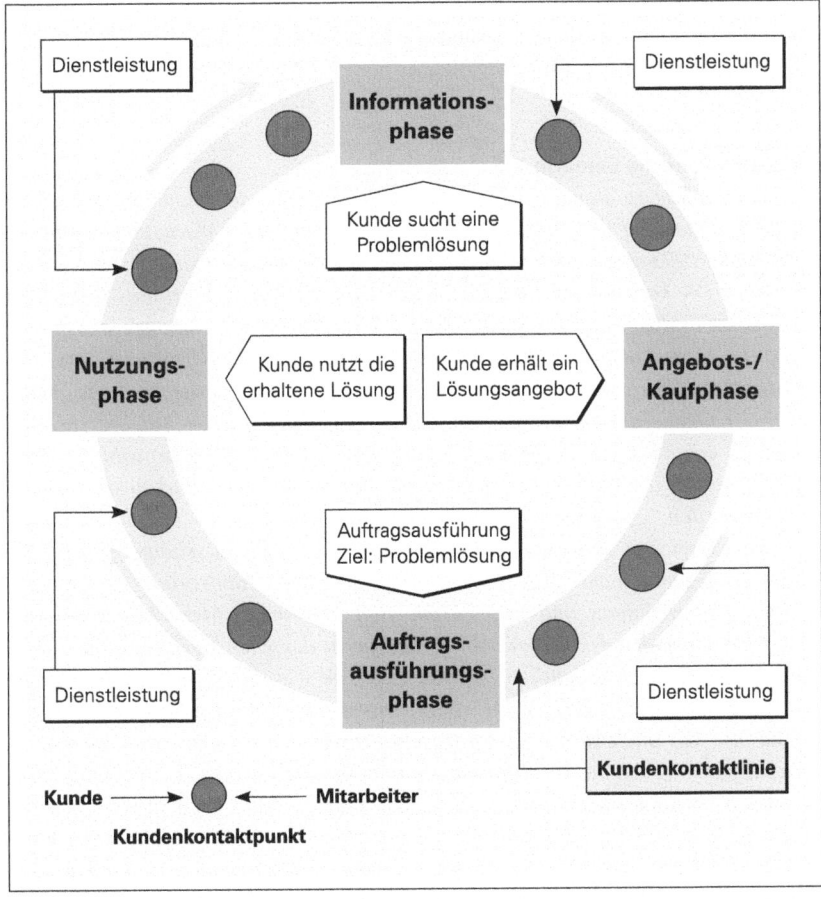

Abb. 3.1 Kundenkontaktkreis. (Myritz 2014, S. 6)

Kundenkontaktkreis: Instrument zur Strukturierung und Identifizierung der angebotenen Dienstleistungen innerhalb der vier Phasen des Leistungsprozesses (Harms, D-J et al. 2009, S. 49).

Mit dem Einsatz dieses Instruments werden folgende Ziele verfolgt:

- rasche und exakte Orientierung im kompletten Dienstleistungs-Portfolio des Unternehmens
- Auffinden und Zuordnen sämtlicher Kontaktstellen zum Kunden in der jeweiligen Phase des betrieblichen Leistungszyklus
- Unterscheidung zwischen Kern- und Mehrwert-Dienstleistungen
- aktuelle Statuskontrolle (Ist-Zustand) und gleichzeitig Grundlage für ein strategisches Planungsinstrument (Soll-Zustand) für das Service Engineering

Beispiel Marcello Camerin 1

„Ich erkannte zu Beginn meiner Beschäftigung mit der Systematik des Service Engineering sehr schnell die damit verbundenen Wachstumspotentiale für mein 1993 gegründetes Unternehmen, das Eis-Café Camerin in Stadtallendorf. Die konkrete Ist-Analyse meines Dienstleistungs-Portfolios würde mir ein Blatt in die Hand geben, mit dem ich gleich mehrere Trümpfe ausspielen konnte. In Zusammenarbeit mit dem Forschungsinstitut-Mitarbeiter vom itb entwickelten wir an der jeweiligen Aufgabenstellung geeignete Instrumente auf der Grundlage betriebswirtschaftlicher und ingenieurtechnischer Methoden. So gelang es uns beispielsweise mit dem Aktivitätenfilter sowohl ein aktuelles Controllinginstrument als auch ein höchst flexibles Planungsinstrument zu erarbeiten.

Voraussetzung dafür war jedoch die selbstkritische, ja schonungslose Ehrlichkeit gegenüber mir selbst, welche ich auch als Grundvoraussetzung eines jeden Unternehmers und unternehmerisch denkenden Menschen sehe. Mir war klar, dass ich Fehler und Versäumnisse in der Dienstleistungskultur meines Betriebs ebenso deutlich benennen musste wie die Stärken und Chancen – wobei mir letzteres wie wohl jedem Unternehmer naturgemäß leichter fällt. Und mir war auch klar, dass ich für ein erfolgreiches Service Engineering so rasch wie möglich meine Mitarbeiter ins Boot holen musste, um eventuell notwendige Veränderungen umzusetzen. Sie sind es schließlich, die täglich für unsere Kunden tätig sind und deshalb am besten wissen, welche Dienstleistungen gut und welche weniger gut ankommen. Zusammen mit fünf Partnern beschäftigte ich zu diesem Zeitpunkt in meinem Vertriebssystem über 20 Mitarbeiter."

Im Verlauf Ihrer Analyse der Ist-Situation erkennen Sie überdies, dass Sie auf den größten Teil der Kundenkontakte unmittelbar Einfluss nehmen können. Die Kundenkontakte finden in der sogenannten Dienstleistungsumgebung statt, also dem Ort der Erbringung einer Dienstleistung. Nicht selten gewinnt der Kunde in dieser Dienstleistungsumgebung einen „ersten Eindruck" vom Unternehmen und seinen Dienstleistungen. Fragen wie die Sauberkeit am Arbeitsplatz, die Professionalität beim Einsatz von Mitarbeitern, ja sogar das ansatzweise Kennenlernen der Kommunikationskultur eines Unternehmens gehören zu diesem ersten Eindruck. Die Dienstleistungsumgebung spielt eine nicht zu unterschätzende Rolle beim Urteil des Kunden über das betreffende Unternehmen und sein Dienstleistungspotential.

Dienstleistungspotential: Darunter versteht man die Fähigkeit und die Bereitschaft eines Unternehmens, eine Dienstleistung durchführen zu können (Harms, D-J et al. 2009, S. 49).

3.2 Einzelbewertung von Dienstleistungen

Mit der Definition der Kundenkontaktstellen innerhalb des Leistungszyklus und einer Auflistung der bestehenden Kern- und Mehrwert-Dienstleistungen für jede einzelne der vier Phasen im Kundenkontaktkreis liegen Ihnen alle notwendigen Informationen vor, um im nächsten Analyseschritt eine Einzelbewertung sämtlicher Dienstleistungen vornehmen zu können. Gleichzeitig wird damit die strategische Bedeutung der Dienstleistungen für Ihr Unternehmen bestimmt. So lässt sich beispielsweise feststellen, ob mit Hilfe einer bereits existierenden Mehrwert-Dienstleistung eine Differenzierung zu Mitbewerbern entstanden ist. Damit wird eine Aussage über den Wert von Dienstleistungen gemacht. Zusätzlich lassen sich die finanziellen Auswirkungen der Mehrwert-Dienstleistungen für das Unternehmen ermitteln. Sie erfahren jetzt etwas über die Zahlungsbereitschaft Ihrer Kunden oder entdecken ggf. bisher ungenutzte Einnahmequellen. Als wirkungsvolles Analyseinstrument hat sich hier der **Aktivitätenfilter** (vgl. Abb. 3.2) bewährt.

Aktivitätenfilter: Mit diesem Instrument erfolgt die Einzelbewertung der Dienstleistungen, die im Kundenkontaktkreis strukturiert und identifiziert wurden. Der Aktivitätenfilter kann flexibel zur Ermittlung der konkreten Ist-Situation oder als strategisches Planungsinstrument eingesetzt werden. Er liefert eine aussagefähige Basis, um neue Gestaltungspotentiale für das Unternehmen abzuleiten. Unter Umständen werden hier sogar erstmals Stärken oder Schwächen des Unternehmens erkennbar.

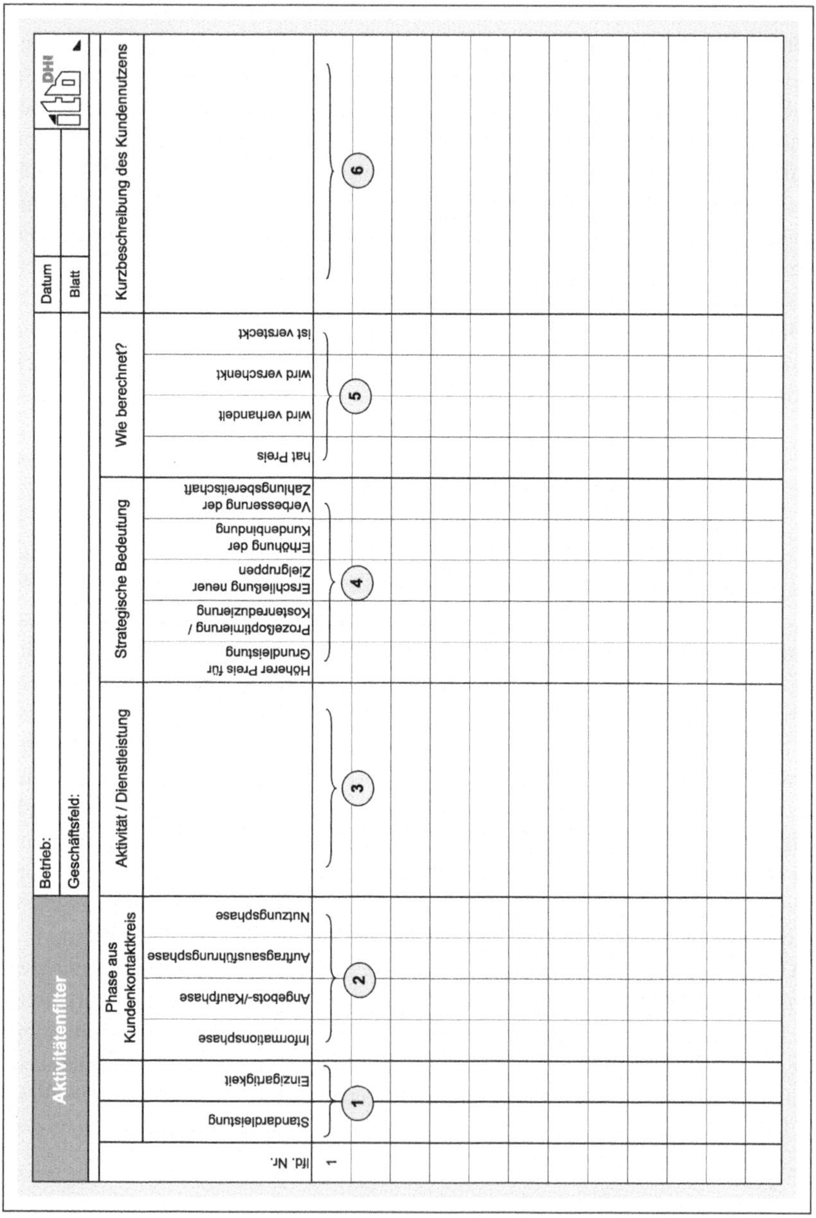

Abb. 3.2 Aktivitätenfilter. (vgl. Harms, D-J et al. 2009, S. 15)

3.2 Einzelbewertung von Dienstleistungen

Aus Gründen der besseren Übersichtlichkeit beginnen Sie die Arbeit mit dem Aktivitätenfilter in Spalte 3 mit der konkreten Bezeichnung der von Ihnen betrachteten Dienstleistung. Sie erarbeiten deshalb das Instrument in dieser Reihenfolge (vgl. Harms, D-J et al. 2009, S. 15 ff.):

1. Spalte 1: In dieser Spalte unterscheiden Sie zwischen einer Standardleistung und einer einzigartigen Dienstleistung. Die Einzigartigkeit beschreibt die Fähigkeit des Unternehmens, eine bestimmte Tätigkeit im Vergleich zu Wettbewerbern ganz besonders gut ausführen zu können. Häufig stellt sie ein konkretes Alleinstellungsmerkmal des Unternehmens dar.
2. Spalte 2: In dieser Spalte greifen Sie auf Ihre Vorarbeit mit dem Kundenkontaktkreis zurück und notieren die Dienstleistungen als Ergebnis der damit verbundenen Analyse in einer der vier Phasen des betrieblichen Leistungszyklus mit einem Kreuzzeichen.
3. Spalte 3: Hier werden die im Kundenkontaktkreis erarbeiteten Mehrwert-Dienstleistungen des Unternehmens aufgelistet. Dabei sollte die Aktivität so konkret wie möglich bezeichnet werden.
4. Spalte 4: In dieser Spalte wird die strategische Bedeutung der Dienstleistung für das Unternehmen ermittelt. Dabei geht es um diese fünf Kategorien:
   - rechtfertigt einen höheren Preis für Grundleistungen
   - dient der Prozessoptimierung/Kostenreduzierung
   - hilft bei der Erschließung neuer Zielgruppen
   - soll die Kundenbindung erhöhen
   - soll die Zahlungsbereitschaft verbessern

Folgende Fragen nach den Ergebnissen der entsprechenden Dienstleistung sollen Ihnen dabei helfen, die oben erwähnten Kategorien zu ermitteln (Mehrfachnennungen sind möglich):
- Wird ein höherer Preis für die Standardleistung erzielt?
- Optimiert die angebotene Dienstleistung die Prozesse des Unternehmens, indem sie Abwicklungsprozesse vereinfacht (z. B. die Bestellung über Internet usw.)?
- Werden so neue Zielgruppen erschlossen?
- Erhöht die angebotene Dienstleistung die Kundenbindung?
- Verbessert sich dadurch die Zahlungsbereitschaft der Kunden?

5. Spalte 5: Im nächsten Schritt werden die im Aktivitätenfilter eingestellten Dienstleistungen einer Ertrags- bzw. Kostenbetrachtung unterzogen. Jetzt sollten Sie diese Fragen beantworten:
   - Wird die Dienstleistung vom Kunden als Leistung wahrgenommen und vom Unternehmen in Rechnung gestellt?
   - Wird der Preis verhandelt, bzw. wird die Dienstleistung nur teilweise berechnet?
   - Wird die betreffende Aktivität bewusst verschenkt, und wird dies vom Kunden auch wahrgenommen?
   - Wurde die Aktivität bisher weder vom Unternehmen noch vom Kunden als Dienstleistung wahrgenommen und demzufolge auch nicht berechnet?
6. Spalte 6: Abschließend geht es um die Frage nach dem konkreten Kundennutzen:
   - Welchen Wert hat die Dienstleistung für den Kunden (z. B. Neuigkeitswert)?
   - Bietet die Aktivität eine bessere Problemlösung als bestehende Leistungen oder Leistungen von Mitbewerbern für den Kunden?
   - Geht die Aktivität stärker auf Kundenbedürfnisse ein? Verbessert oder erleichtert sie die Anwendbarkeit für den Kunden? Bietet sie ihm zusätzlichen Nutzen?

Beispiel Marcello Camerin 2

„Das Ergebnis meiner Arbeit mit dem Aktivitätenfilter hat mich nicht erstaunt (vgl. Abb. 3.3 und 3.4). Im Gegenteil habe ich in den meisten Fällen eine Bestätigung für meine unternehmerischen Zielstellungen bekommen. Eine individuelle, außerordentlich hohe Kundenorientierung ist meine größte Stärke und mein wichtigstes Alleinstellungsmerkmal. Besonders wichtig für mich war deshalb die Tatsache, dass meine Kunden immer informiert wurden, wenn ihnen eine Dienstleistung geschenkt wurde.

Die Aussagen aus dem Aktivitätenfilter zur Kostenbetrachtung einer Dienstleistung zählten zu meinen wichtigsten Unternehmensinformationen bei der Arbeit mit diesem Analyseinstrument. Ich fand keine einzige versteckte Dienstleistung in meinem Portfolio und wusste also zu jeder Zeit, was ich meinen Kunden alles anbiete. Bei näherer Betrachtung fiel mir auf, dass ich sehr viele Dienstleistungen verschenkte. In den meisten Fällen wollte ich das auch so und betrachtete dies als eine Form der Werbung für mein Unternehmen. Voraussetzung dafür, dass dies vom Kunden aber auch wahrgenommen und entsprechend wertgeschätzt wird, ist allerdings immer ein entsprechender Hinweis auf die angebotene kostenlose Dienstleistung.

Ich habe beispielsweise damals schon sehr früh einen kostenlos zu nutzenden WLAN-Platz mit einem firmeneigenen Laptop zum Surfen im Internet

3.2 Einzelbewertung von Dienstleistungen

Aktivitätenfilter					Betrieb: Eis-Café Camerin	Strategische Bedeutung				Wie berechnet?			Datum	
					Geschäftsfeld:								Blatt	1
	Phase aus Kundenkontaktkreis				Aktivität / Dienstleistung	Höherer Preis für Grundleistung	Prozessoptimierung / Kostenreduzierung	Erschließung neuer Zielgruppen	Erhöhung der Kundenbindung	Verbesserung der Zahlungsbereitschaft	hat Preis	wird verhandelt	wird verschenkt	ist versteckt	Kurzbeschreibung des Kundennutzens
Standardleistung	Einzigartigkeit	Informationsphase	Angebots-/Kaufphase	Auftragsausführungsphase	Nutzungsphase										
lfd. Nr.															
1		x	x			CamerinCard, wenn Autoaufkleber mit www.camerin.de vorhanden			x					x		Kunde erhält Spezialkonditionen
2		x	x			Hauszeitung			x	x				x		aktuelle Informationen in regelmäßigen Abständen
3		x	x		x	Blind-Date-Börse			x					x		potentiellen Partner kennenlernen
4		x	x		x	Kleinanzeigenmarkt unter www.camerin.de								x		Problemlösung
5		x	x	x	x	Parkgutschein aus dem Internet ausdruckbar				x			x			Überraschung und Einsparung
6		x	x		x	Wellness-Eis			x			x				Genuss ohne Reue, niedrige Durchschnittsnährwerte
7		x	x			ergänzende PR-Aktivitäten: 3x Camerin (Car-Service, Piano-Musik, Eis-Service)			x	x			x			Problemlösung: alles aus einer Hand
8		x	x	x	x	Messestand								x		neues Produkt kennenlernen, Bekanntes an ungewohnter Stelle finden und Genießen an ungewohnter Stelle
9		x	x	x	x	zielgruppenorientiertes Saisoneis			x	x				x		neues Geschmackserlebnis
10	x	x	x	x	x	Darstellung des Produktionsablaufs auf Plakat und Flyer				x				x		Vertrauen in die Produktion

Abb. 3.3 Aktivitätenfilter Eis-Café Camerin, Teil 1. (vgl. Harms, D-J et al. 2009, S. 26)

Abb. 3.4 Aktivitätenfilter Eis-Café Camerin, Teil 2. (vgl. Harms, D-J et al. 2009, S. 26)

Aktivitätenfilter — Betrieb: Eis-Café Camerin — Geschäftsfeld: — Datum: — Blatt: 1

lfd. Nr.	Standardleistung	Einzigartigkeit	Informationsphase	Angebots-/Kaufphase	Auftragsausführungsphase	Nutzungsphase	Aktivität / Dienstleistung	Höherer Preis für Grundleistung	Prozeßoptimierung / Kostenreduzierung	Erschließung neuer Zielgruppen	Erhöhung der Kundenbindung	Verbesserung der Zahlungsbereitschaft	hat Preis	wird verhandelt	wird verschenkt	ist versteckt	Kurzbeschreibung des Kundennutzens
11	x	x					freiwillige Qualitätskontrolle durch unabhängiges Institut		x						x		Qualitätsnachweis wahrnehmbar
12	x	x					Aktionen zusammen mit gewerblichen Partnern - Koppelungseffekte			x					x		Geldeinsparung
13		x			x	x	Internetzugang				x				x		Informationen aus dem Internet verfügbar
14		x			x	x	persönlicher Internetzugang über WLAN				x		x				Kunde surft mit eigenem Laptop, kann E-Mails abrufen und senden
15		x			x		Lieferservice, Catering		x	x	x		x				Lieferungen zum vorgegebenen Ort
16		x				x	Online-Bestellungen ermöglichen		x	x	x				x		in Ruhe auswählen, unabhängig von Zeit und Ort
17		x				x	Verzehrlöffel im Glas Wasser			x					x		Eindruck von Sauberkeit und Hygiene
18		x			x	x	Produktion und phantasievolle Gestaltung von Riesen-Eisbomben				x			x			Show-Effekt
19		x			x		offene, einsehbare Küche		x						x		Transparenz und Vertrauen
20		x			x		Aktion "Familienfreundlich" mit Zeitungsanzeigen			x	x	x		x			Festpreise für Eltern und Kinder bei Auswahlmöglichkeiten (drei Sets)
21	x	x				x	kleine (Zwischen-)Mahlzeiten			x	x		x				alternatives Angebot, Restaurantbesuch gespart
22		x				x	abgetrennter Raucherbereich			x					x		Rauchen und Verzehr möglich

angeboten. Andere Kunden brachten ihren eigenen Laptop mit und nutzten ebenfalls mein WLAN-Angebot. Nach einer halben Stunde kostenlosen Surf-Vergnügens habe ich dann eine minimale Nutzungsgebühr erhoben. In erster Linie ging es mir bei dieser Gebühr aber gar nicht um den damit verbundenen Erlös, sondern um die Möglichkeit, meine Kunden noch einmal ganz ausdrücklich auf das halbstündige kostenlose Surfangebot hinzuweisen.

Besonders interessant war die Überprüfung der strategischen Bedeutung jeder einzelnen Dienstleistung. Dabei fiel mir auf, dass die meisten meiner Dienstleistungen der Erschließung neuer Kundengruppen und der Erhöhung der Kundenbindung dienten. Höhere Preise etwa, eine bessere Zahlungsbereitschaft oder Fragen der Prozess- und Kostenoptimierung fielen dagegen nicht ins Gewicht. Auch bei diesem Teil der Analyse erhielt ich eine Bestätigung meiner wichtigsten unternehmerischen Zielstellung, alles für den Kunden zu tun. Dennoch meldete sich an der einen oder anderen Stelle ein leiser Zweifel: Ich tue zwar sehr viel für den Kunden, aber ist er sich auch wirklich darüber im Klaren?"

Die vorliegenden Ergebnisse der bisherigen Analyseschritte zur Ermittlung der aktuellen Dienstleistungssituation machen bereits ansatzweise deutlich, ob das Unternehmen über eine hohe oder aber eine weniger hohe Dienstleistungskompetenz verfügt.

Dienstleistungskompetenz: Unter diesem Begriff ist die Bereitschaft, aber auch die Fähigkeit und die Fertigkeit eines Unternehmens zu verstehen, Dienstleistungen überhaupt anzubieten.

3.3 Messen der Stärken und Schwächen des Unternehmens

Im nächsten Zwischenschritt sollten Sie sich gezielt mit den Stärken und Schwächen Ihres Unternehmens auseinandersetzen und auf diese Art und Weise Ihre Erkenntnisse über die vorhandene Dienstleistungskompetenz möglichst umfassend und so realistisch wie möglich vertiefen. Für einen verantwortungsvollen und vorausschauend tätigen Unternehmer gehört die Beschäftigung mit den Potentialen und den Hemmschuhen seines Unternehmens zum betrieblichen Alltag. Allerdings geschieht dies meist eher zufällig und nicht systematisch, sei es, dass ein Kunde auf bestimmte Mängel oder Fehler hinweist oder aber ein Mitarbeiter konkrete Verbesserungsvorschläge macht.

Zum Messen der Dienstleistungskompetenz und gleichzeitig zur Feststellung möglicher Entwicklungspotentiale empfiehlt sich der Einsatz von

Stärken-und-Schwächen-Checklisten (vgl. Abb. 3.4, 3.5 und 3.6). In drei verschiedenen Analysebereichen bewerten Sie jetzt Ihre eigene Situation im Vergleich zu einem denkbaren oder Ihnen bekannten Optimum. Dies kann ein Marktdurchschnitt sein oder ein Ihnen genau bekannter Wettbewerber. Zunächst ermitteln Sie Ihre Kompetenz, Kundenbedürfnisse besser oder möglicherweise auch nicht so gut wie ein Wettbewerber befriedigen zu können (vgl. Abb. 3.5). So finden Sie Ihre Position im Vergleich zum Marktdurchschnitt. Anschließend geht es um Ihren Platz beim Inszenieren des Dienstleistungsprozesses (vgl. Abb. 3.6). Sind Sie so gut wie der Marktdurchschnitt oder gar besser? Schließlich sollten Sie Ihr Dienstleistungsergebnis noch visualisieren (vgl. Abb. 3.7). Um ein aussagefähiges Ergebnis zu bekommen, begründen Sie Ihre jeweiligen Stärken und Schwächen immer ausführlich.

> **Beispiel Marcello Camerin 3**
>
> *„Mir hat die intensive Arbeit mit den ebenfalls von mir mitentwickelten Stärken-und-Schwächen-Checklisten sehr schnell und sehr konkret Handlungsbedarf aufgezeigt. Ich stellte fest, dass wir viele Chancen vergaben, mit dem Kunden enger in Kontakt zu treten und es deshalb nicht selten sogar versäumten, seine Wünsche und Anregungen aufzunehmen. Scheinbar bin ich mit meiner ausgeprägten Technikverliebtheit etwas über das Ziel hinausgeschossen. So hatten wir zwar einen sogenannten Meckerkasten im Internet eingerichtet, aber die Möglichkeit, den Kunden einfach direkt bei uns an der Eistheke oder aber an seinem Tisch anzusprechen, haben wir damals nicht immer konsequent genug genutzt (vgl. Abb. 3.5).*
>
> *Immer wieder geht es um die konkrete Qualität der Dienstleistung am jeweiligen Kundenkontaktpunkt, und die ist nun einmal eng mit den hier tätigen Mitarbeitern verknüpft. Mein Anspruch einer absoluten Kundenorientierung ist also immer von ihrem Verhalten abhängig. Indem ich nun sowohl meine Stärken als auch meine Schwächen beim Ermitteln von Kundenbedürfnissen untersucht habe, blieb mir nichts anderes als Selbstkritik übrig. Einweisungen und Anweisungen meiner Mitarbeiter erfolgten meist nur mündlich, quasi im Vorübergehen. Arbeitsergebnisse wurden nicht systematisch dokumentiert, es gab keine strukturierten Besprechungen, keine Mitarbeiterbefragungen und keine systematische Fehlerauswertung. Meine Versäumnisse wurden bei der Bearbeitung der zweiten Check-Liste über das Inszenieren des Dienstleistungsprozesses noch deutlicher (vgl. Abb. 3.6). Ergebnis: Es ist uns nicht gelungen, den Kunden immer dort abzuholen, wo er gerade war. Er wurde zu selten direkt angesprochen. Die Kundenkontakte meiner Mitarbeiter unterlagen keinem vorgegebenen Normensystem und wurden auch nicht systematisch ausgewertet bzw. optimiert.*

3.3 Messen der Stärken und Schwächen des Unternehmens

Check-Liste	Betrieb: Eis-Café Camerin		Datum		DHI
	Geschäftsfeld:		Blatt		

Stärken-Schwächen:	Ermittlung von Kundenbedürfnissen			
Bewertung der eigenen Situation im Vergleich zum denkbaren Optimum, dem Marktdurchschnitt oder einem ausgewählten Wettbewerber :				1 = regelmäßig 2 = ab und zu 3 = nie
Kriterium	1	2	3	Bemerkungen
Durchführung und Auswertung von Mitarbeiterbefragungen	X			Verbal ohne Checkliste; Besprechung, keine Befragung
Auswertung von Kundenreklamationen	X			"Meckerkasten" im Internet; "Reklamationen" im Sinne von konstruktiver Kritik und Fragen
Auswertung von Wettbewerbsangeboten				Bisher nicht notwendig, da 'Alleinstellungsmerkmal' bei Eisbomben (in Deutschland max. 3-4 Anbieter)
Auswertung von Kundendienstberichten				entfällt
Durchführung und Auswertung von Kundenbefragungen bzgl. Dienstleistungswünschen x)				In Planung
Durchführung von Kundenworkshops mit Schlüsselkunden				entfällt
Durchführung von Kundenveranstaltungen	X			Eis-Café Camerin - Sommerfest in Stadtallendorf
Auswertung von Seminaren und Schulungen, die besucht wurden	X			z.B. Cocktail-Seminar; Erkenntnisse führen zu neuen Angeboten
Besondere Stärken:	Aktive Übernahme von Anregungen aus unterschiedlichen Quellen			
Gründe:	Viele Augen sehen mehr			
Auswirkungen für die Zukunft:	Positiv			
Besondere Schwächen:	x) Im Direktverkauf (Theke) wird die Auslotung von Kundenwünschen nicht immer konsequent umgesetzt.			
Gründe:	Nachlässigkeit			
Auswirkungen für die Zukunft:	Kundenreaktion durch Befragung feststellen			
Sofortmaßnahmen:	Ziel : "Befragungs-Postkarte" entwickeln; Mitdenken fördern			

Abb. 3.5 Checkliste 1 – Ermittlung von Kundenbedürfnissen, Inszenieren des DL-Prozesses und Visualisieren des DL-Ergebnisses des Eis-Cafés Camerin. (vgl. Harms, D-J et al. 2009, S. 28, 29 und 30)

Check-Liste	Betrieb: Eis-Café Camerin			Datum		DHI
	Geschäftsfeld:			Blatt		

Stärken-Schwächen:	Inszenieren des DL-Prozesses				
Bewertung der eigenen Situation im Vergleich zum denkbaren Optimum, dem Marktdurchschnitt oder einem ausgewählten Wettbewerber :				1 = regelmäßig 2 = ab und zu 3 = nie	
Kriterium	1	2	3	Bemerkungen	
Mitarbeiter sind pünktlich, zuverlässig und halten Termine ein	X			Mehrere Sicherheitsschleusen zur Erinnerung und Überwachung der Termine (Pinwand, Computer, Palm)	
Dienstleistungen werden im Unternehmen individuell auf den Kunden zugeschnitten	X				
Einheitliches Erscheinungsbild der Mitarbeiter, Fahrzeuge etc.	X				
Kunden loben die hohe Geschwindigkeit, mit der Arbeiten zuverlässig erledigt wurden		X			
Evtl. Mitwirkung des Kunden an der Auftragsausführung, wird mit diesem verbindlich abgesprochen	X			Bei Lieferungen!	
Bei Aufträgen gibt es für den Kunden nur einen Ansprechpartner im Unternehmen	X				
Der Ablauf der DL ist für die Mitarbeiter verbindlich festgelegt	X			Blueprint anfertigen!	
Es gibt verbindliche Maßstäbe für die Auftragsausführung	X			Qualität, Temperatur, Zutaten, <u>eigene</u> Rezepturen	
Besondere Stärken:	Absolute Kunden-Orientierung; Umsetzung der AIDA-Formel; siehe Betriebswirt (HWK) -Seminarunterlage M2				
Gründe:	Für den Kunden <u>Dienste leisten</u>				
Auswirkungen für die Zukunft:	Positiv; Weitergabe der Erkenntnisse an Vertriebspartner				
Besondere Schwächen:	Kundenmeldesystem im Gastraum fehlt; dadurch u.U. lange Wartezeiten bis zur Wahrnehmung des Kunden				
Gründe:	Eingeschränkte Übersicht				
Auswirkungen für die Zukunft:	ungewiss				
Sofortmaßnahmen:	"Funksystem" installieren; regelmäßiger Rundgang				

Abb. 3.6 Checkliste 2 – Ermittlung von Kundenbedürfnissen, Inszenieren des DL-Prozesses und Visualisieren des DL-Ergebnisses des Eis-Cafés Camerin. (vgl. Harms, D-J et al. 2009, S. 28, 29 und 30)

3.3 Messen der Stärken und Schwächen des Unternehmens

Check-Liste	Betrieb: Eis-Café Camerin		Datum		DHI
	Geschäftsfeld:		Blatt		

Stärken-Schwächen: **Visualisieren des DL-Ergebnisses**

Bewertung der eigenen Situation im Vergleich zum denkbaren Optimum, dem Marktdurchschnitt oder einem ausgewählten Wettbewerber:

1 = regelmäßig
2 = ab und zu
3 = nie

Kriterium	1	2	3	Bemerkungen
Dienstleistungen werden in Angeboten ausführlich dargestellt	X			
Dienstleistungen werden im Internetauftritt mit ihrem Nutzen beschrieben	X			
DL werden in Angeboten -auch wenn sie nicht verrechnet werden- dargestellt	X			An- und Abfahrten im Catering werden nicht berechnet; Darstellung mit 0,- €
DL werden auf Prospekten und in sonstiger Werbung für den Kunden ausführlich dargestellt	X			
Dienstleistungen werden in Rechnungen ausführlich dargestellt	X			
Dienstleistungen oder Hausmessen ausführlich dargestellt	X			Messestand auf der Oberhessen-Schau Marburg und beim 'Eis-Café Camerin Sommerfest Stadtallendorf'
DL werden in Rechnungen - auch wenn sie nicht verrechnet werden- ausführlich dargestellt	X			ggf. Ausweisung von DL mit 0,- €

Besondere Stärken: Individuelle Kunden-Orientierung

Gründe: Jeder Kunde hat eine andere Persönlichkeits- und Bedarfsstruktur

Auswirkungen für die Zukunft: Positiv

Besondere Schwächen:

Gründe:

Auswirkungen für die Zukunft:

Sofortmaßnahmen:

Abb. 3.7 Checkliste 3 – Ermittlung von Kundenbedürfnissen, Inszenieren des DL-Prozesses und Visualisieren des DL-Ergebnisses des Eis-Cafés Camerin. (vgl. Harms, D-J et al. 2009, S. 28, 29 und 30)

Durch die Einführung mehrerer Sicherheitsschleusen und eines Kundenmeldesystems sowie die Überreichung einer „Befragungs-Postkarte" an die Kunden noch im Eis-Café und die Entwicklung einer Checkliste zur Mitarbeiterbefragung ist es sehr schnell gelungen, diese Fehler zu verringern und damit unser Dienstleistungspotential deutlich zu erhöhen. Darüber hinaus hatten diese Veränderungen eine Reihe positiver Reaktionen meiner Mitarbeiter zur Folge. Die gemeinsam mit ihnen erarbeiteten verbindlichen Regularien stellten nun so etwas wie einen „Codex Camerin" dar. Mit diesem Regelsystem verfügten sie über eine exakte Orientierung für ihre Dienstleistungen. Mit den konkreten Vorgaben fühlten sie sich jetzt sicherer im Kundenkontakt.

Qualität als Markenzeichen bedeutet letztlich auch, dass die Mitarbeiter eines Unternehmens immer und überall eine gleich gute Arbeit leisten müssen. Qualität ist schließlich nur dann etwas wert, wenn sie jederzeit abrufbar und ständig reproduzierbar ist."

▶ **Tipp** Um auch die Erfahrungen Ihrer Mitarbeiter abzurufen und sie von Anfang an am Service-Engineering-Prozess zu beteiligen, empfiehlt sich beispielsweise die Anfertigung eines zusätzlichen internen Fragebogens. Hier können Sie Ihren Mitarbeitern die Möglichkeit einräumen, Stärken und Schwächen von Dienstleistungen aus dem unmittelbaren eigenen Erleben stichpunktartig darzustellen. Gleichzeitig könnten Sie mit diesem Fragebogen konkrete Verbesserungsvorschläge ihrer Mitarbeiter abrufen.

3.4 Zusammenfassung

Am Ende des ersten Schrittes im Service-Engineering-Prozess verfügen Sie neben einer vollständigen Übersicht Ihrer Kern- und Mehrwert-Dienstleistungen aus dem Kundenkontaktkreis über einen bearbeiteten Aktivitätenfilter sowie aussagekräftige Stärken-Schwächen-Checklisten. Diese Analysedaten ermöglichen Ihnen eine realistische Einschätzung Ihrer Dienstleistungssituation, Ihrer Dienstleistungskompetenz und Ihres Dienstleistungspotentials. Zusätzlich könnten Sie beispielsweise noch eine Umfeldanalyse erarbeiten, um sich eingehender mit bestimmten Wettbewerbern zu vergleichen.

Literatur

Harms, D.-J., Heinen, E., Kuiper, K., Myritz, R., Nenninger, B., Otto, U., & Strina, G. (2009). *Dienstleistungen systematisch entwickeln – Ein Methoden-Leitfaden für den Mittelstand*. Köln: Gebrüder Kopp.

Myritz, R. (2014). *Service Engineering – in fünf Schritten zur neuen Dienstleistung*. Köln: Gebrüder Kopp.

4 Zweiter Schritt: So bestimmen Sie Ihre Dienstleistungsziele und Ihre Dienstleistungsstrategie

Ausgerüstet mit dem fundierten Wissen über Ihre Dienstleistungssituation, Ihr Dienstleistungspotential und Ihre Dienstleistungskompetenz könnte die Versuchung groß sein, jetzt möglichst schnell und möglichst viele neue Ziele für die Weiterentwicklung Ihres Dienstleistungs-Portfolios anzuvisieren. Der an dieser Stelle anstehende methodische Wechsel von der Analysephase zu einer Zielbestimmung birgt jedoch die Gefahr einer übereilten und deshalb unstrukturierten Vorgehensweise (Myritz 2014, S. 8). Zu Beginn Ihres zweiten Schrittes sollten Sie sich deshalb unter Hinzuziehung Ihres Aktivitätenfilters auf diese beiden Fragen konzentrieren:

- Welche Kundenbereiche will ich zukünftig mit welcher strategischen Intention gezielt bearbeiten?
- In welchen Phasen meines Leistungsprozesses soll dies mit welchen neuen bzw. überarbeiteten Dienstleistungsangeboten erreicht werden?

Zentrales Ziel sollte es sein, die Zufriedenheit Ihrer Kunden bei der Erbringung von Dienstleistungen in Kundenbegeisterung zu verwandeln. Bedienen Sie mit ihren Dienstleistungen nicht nur Grundanforderungen bei der Kundenerwartung, sondern machen Sie daraus Begeisterungsanforderungen. Um eine solche emotionale Bindung des Kunden zu erreichen, sollten Sie die unterschiedlichen Formen von **Kundenerwartungen** an eine Dienstleistung kennen (vgl. Abb. 4.1).

Je höher Anforderungen des Kunden Sie mit Ihrer Dienstleistung erfüllen oder sogar übertreffen, desto enger wird die Kundenbindung. Dies ist eine der entscheidenden Voraussetzungen für jeden unternehmerischen Erfolg, denn nur durch eine enge Bindung an das Unternehmen werden aus Laufkunden irgendwann einmal Stammkunden, werden aus Konsumenten treue Fans. Diese Entwicklung ist mit Ihrer Fähigkeit zur Konzentration auf das Wesentliche eng

Kundenerwartung an eine Dienstleistung

Kundenerwartung	Dienstleistung	Beispiel Taxifahrt
Grundanforderungen	Minimalanforderungen des Kunden, sie sind selbstverständlich, müssen vollständig vorliegen	Pünktlichkeit, Verkehrssicherheit, Höflichkeit
Leistungsanforderungen	Festlegung eines bestimmten Qualitätsniveaus, damit sich die Leistung vom Wettbewerber abhebt – ihre Erfüllung löst Kundenzufriedenheit aus	sauberes Fahrzeug, hilfsbereiter Fahrer
Begeisterungsanforderungen	werden weder erwartet noch vom Kunden gefordert – steigern aber die Kundenzufriedenheit zur Begeisterung **Problem:** sie können mittelfristig zu Leistungsanforderungen werden	individueller Hinweis auf Spezialitätenrestaurant, aktuelle Museumsausstellung oder Theatertipp

Abb. 4.1 Kundenerwartungen an eine Dienstleistung. (vgl. Harms et al. 2009, S. 9)

verknüpft. Schließlich sind die einem Mittelständler zur Verfügung stehenden Ressourcen meist stark begrenzt. Es kommt also darauf an, Ziele zu formulieren, die die strategische Ausrichtung Ihres Unternehmens unterstützen.

4.1 Zielbestimmung mit der SMART-Methode

Angesichts der Fülle individueller Einflussfaktoren auf die betrieblichen Abläufe erleichtert es die Formulierung dieser Ziele, wenn Sie dabei auf Konkretheit und Verbindlichkeit achten. Eine sehr wirkungsvolle Methode hilft Ihnen dabei, aus einer Antwort auf die eingangs gestellten beiden Fragen eine Zielbestimmung zu formulieren – die **SMART-Methode** (vgl. Abb. 4.2). Mit dieser Methode können Sie das Ergebnis Ihrer Entscheidung auf ein konkretes unternehmerisches Ziel konzentrieren und dieses Ziel fest umrissen und nachprüfbar benennen. SMART steht für:

- **S**pezifisch – konkret, präzise und eindeutig formuliert
- **M**essbar – sowohl quantitativ als auch qualitativ
- **A**ttraktiv – positiv und motivierend formuliert
- **R**ealistisch – erreichbar, die eigenen Möglichkeiten richtig einschätzend
- **T**erminiert – mit konkreten Terminen versehen

Beispiel Dietmar Vollmer 1

Der Aufbau eines neuen Geschäftsmodells für die Emil Vollmer Gebäudereinigung GmbH in Stühlingen-Eberfingen war das Ziel von Geschäftsführer Dietmar Vollmer. Der 1974 gegründete Gebäudereinigungsbetrieb machte rund 70 % seines Umsatzes mit der Unterhaltsreinigung vor allem in Betrieben sowie öffentlichen Einrichtungen wie Schulen und Kindergärten. Die restlichen 30 % des Umsatzes erwirtschafteten die rund 200 Mitarbeiter durch Sonderreinigung wie z. B. Bau- und Fassadenreinigung sowie Jalousie- und Solardachreinigung. Um die hohe Wachstumsgeschwindigkeit seines Unternehmens beibehalten zu können, wollte Dietmar Vollmer mit der Reinigung von Privathaushalten ein zusätzliches Geschäftsmodell entwickeln, ein sogenanntes B2C-Geschäftsfeld (Business to Customer-Modell). Dabei bediente sich der baden-württembergische Unternehmer der 5-Schritte-Methode des Service Engineering.

Nach seiner Erfahrung hat die Arbeit mit den diversen Methoden und Instrumenten des Service Engineering zusätzlich zu ihrer Eigenschaft als systematischer Problemlöser noch eine weitere Dimension. Der Unternehmer wird dadurch zum Fokussieren und damit zum gedanklichen Reduzieren auf das Wesentliche eines Problems gezwungen. Ihn zwang beispielsweise

30　　　4 Zweiter Schritt: So bestimmen Sie Ihre Dienstleistungsziele …

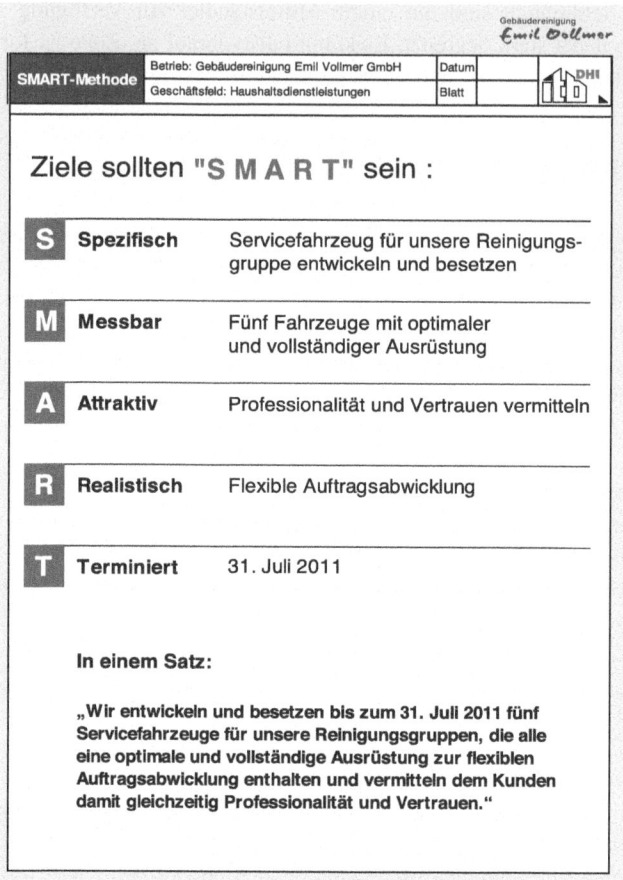

Abb. 4.2 SMART-Methode der Emil Vollmer Gebäudereinigung GmbH. (vgl. Myritz und Zühlke-Robinet 2013, S. 32)

die SMART-Methode dazu, einen Soll-Ist-Vergleich für einen ganz konkreten Dienstleistungsprozess anzustellen. Dabei beantwortete er die fünf SMART-Ziele kurz und knapp und fasste sie anschließend in einem einzigen Satz zusammen (vgl. Abb. 4.2).

Konsequent bereitete Dietmar Vollmer die Entwicklung seines neuen B2C-Geschäftsfeldes vor und versuchte, seine SMART-Zielstellung exakt an den sensiblen Schnittstellen von Unternehmen und Kunden anzudocken, dem

4.2 Strategie-Entwicklung mit Hilfe der Wettbewerbsmatrix

Aufeinandertreffen seiner Mitarbeiter und Kunden. „In unserem B2B-Geschäft treffen unsere Teams eher zufällig auf ihre Kunden", erklärt Dietmar Vollmer den entscheidenden Unterschied zum Privatkundengeschäft. „Sie haben sich in erster Linie ausschließlich auf ihre Reinigungsaufgaben zu konzentrieren. Das ist im B2C-Geschäft bei unseren Privatkunden naturgemäß völlig anders. Darauf müssen meine Leute vorbereitet werden" (Myritz und Zühlke 2013, S. 33).

Der Privatkunde sollte durch einen professionellen Auftritt der Gebäudereiniger von Anfang an davon überzeugt werden, dass er den richtigen Dienstleister gewählt hatte. Dieser Zielstellung ordnete Vollmer sein smartes Vorgehen unter und definierte eine Reihe von Qualitätskriterien, um das Vertrauen der neuen Klientel zu erwerben. Möglicherweise hätte er sein Ziel ohne diese Methode nicht schriftlich fixiert, sondern lediglich gedanklich vorgemerkt oder bestenfalls stichpunktartig seiner ohnehin nicht gerade knappen To-do-Liste hinzugefügt. Da wäre die Gefahr natürlich groß, dass ein eher unkonkretes und unverbindliches Ziel schneller aus dem Blickfeld des Unternehmers verschwindet als es aufgetaucht ist. Auf einer A4-Seite niedergeschrieben ist sein Ziel aber nicht nur smart artikuliert, sondern bekommt sofort eine höhere Wertigkeit und eine gewisse unternehmensplanerische Verbindlichkeit.

Je mehr konkrete Ziele Sie beispielsweise mit Hilfe der SMART-Methode ausarbeiten, desto deutlicher wird meist auch schon ein strategischer „Pfad" erkennbar, der nach und nach in eine für das Unternehmen charakteristische und unverwechselbare Dienstleistungsstrategie übergeht.

Dienstleistungsstrategie: Dieser Begriff bestimmt die Dienstleistungspolitik im Marketing für die einzelnen Geschäftsfelder eines Unternehmens. Gemeint sind damit die notwendigen unternehmerischen Entscheidungen für eine zielgerichtete Stärkung der Dienstleistungen, mit deren Hilfe die Wünsche und Bedürfnisse der Kunden von diesem Unternehmen besser befriedigt werden können als durch seine Wettbewerber.

4.2 Strategie-Entwicklung mit Hilfe der Wettbewerbsmatrix

Bei der Entwicklung der Dienstleistungsstrategie kann auch der Einsatz einer sogenannten **Wettbewerbsmatrix** hilfreich sein, die Michael Porter entwickelt hat (vgl. Abb. 4.3). Die Wettbewerbsstrategie ist im Marketing von größter Bedeutung und definiert die Strategie zur Bestimmung der Produktpolitik der einzelnen Geschäftsfelder eines Unternehmens. Sie dient der Systematisierung möglicher

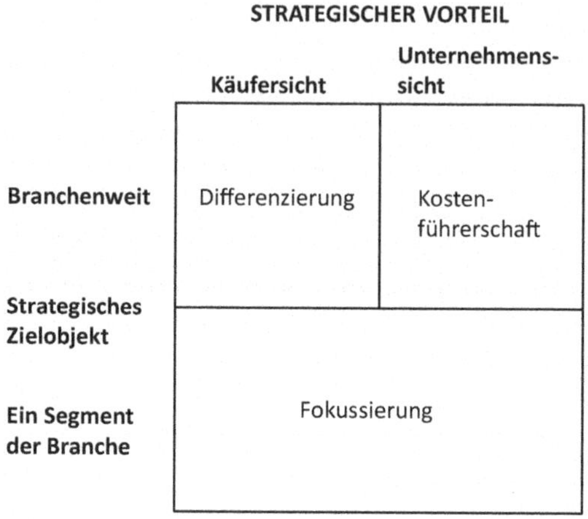

	STRATEGISCHER VORTEIL	
	Käufersicht	Unternehmenssicht
Branchenweit	Differenzierung	Kostenführerschaft
Ein Segment der Branche	Fokussierung	

(Strategisches Zielobjekt)

Abb. 4.3 Wettbewerbsmatrix zur Bestimmung der Dienstleistungsstrategie. (Porter 1980)

Strategien für ein Unternehmen, um sich auf dem Markt einen Wettbewerbsvorteil zu verschaffen. Nach Porter ist dies durch das Verfolgen eines zu definierenden strategischen Ziels und eines konkreten strategischen Vorteils möglich.

Entscheiden Sie sich über Ihr weiteres Vorgehen, indem Sie diese beiden Fragen beantworten:

- Was will ich mit meinem Unternehmen tun? – Die Antwort gibt das strategische Ziel vor.
- Wie möchte ich mit meinem Unternehmen dieses Ziel erreichen? – Die Antwort verweist auf den strategischen Vorteil.

Porters Wettbewerbsmatrix teilt Unternehmensstrategien (Wettbewerbsstrategien) danach ein, welchen konkreten Wettbewerbsvorteil sie anstreben und auf welche Märkte sie ausgerichtet sind. Dabei werden drei grundlegende Strategie-Typen definiert, sogenannte Norm-Strategien:

- **Differenzierungsstrategie:** Ein Unternehmen hebt sich in den Augen des Kunden deutlich von seinen Wettbewerbern ab (z. B. durch Preis, Image, Design, Qualität usw.) und unterscheidet sich von ihnen durch Preisführerschaft oder auch die Exklusivität eines Markennamens. Dabei ist der tatsächliche Unterschied zu Wettbewerbern weniger wichtig als der vom Kunden wahrgenommene Unterschied.

4.2 Strategie-Entwicklung mit Hilfe der Wettbewerbsmatrix

- **Kostenführerschaft:** Ein Unternehmen erlangt durch geringere Kosten als seine Wettbewerber einen Wettbewerbsvorteil. Sie bedeutet nicht zwangsläufig auch Preisführerschaft, ist allerdings häufig die Voraussetzung dafür. Zu den Methoden gehören u. a. unternehmerische Verbundeffekte, effektive Kapazitätsausnutzung, geringe Input-Kosten oder Erfahrungseffekte.
- **Nischenstrategie,** auch **Fokussierung** genannt: Ein Unternehmen konzentriert sich auf bestimmte Kundengruppen, Segmente oder Märkte mit dem Ziel einer besseren Versorgung mit Dienstleistungen als die breit aufgestellte Masse von Wettbewerbern. Als Ergebnis erzielt das Unternehmen entweder eine hohe Differenzierung, weil die Bedürfnisse der ausgewählten Zielgruppe besser befriedigt werden, oder eine günstigere Kostensituation, möglicherweise sogar beides.

Beispiel Marcello Camerin 4

„Mein Eis-Café Camerin differenziert sich gegenüber der Fülle von Wettbewerbern durch besondere Produkt- und Dienstleistungsmerkmale und nicht durch niedrigere Preise. An erster Stelle steht bei mir die Qualität. Das beginnt natürlich beim Produkt, bei unseren über 60 Eissorten. Vielfalt allein aber genügt mir nicht. Schließlich geht es um den möglichst unverfälschten Geschmack, und den erreiche ich nur durch die Verwendung frischer Früchte. Zu meiner Qualitätsmarke gehört die Tatsache, dass ich mich auch für die Gesundheit meiner Kunden verantwortlich fühle. Mein Eis hat einen maximalen Fettgehalt von nicht einmal acht Prozent. Darüber hinaus bieten wir auch beispielsweise „Wellness-Eis" mit einem Fettgehalt von nur 0,2 Gramm Fett auf 100 Gramm Speiseeis an.

Da Kunden Qualitätsschwankungen augenblicklich merken und anderswo ihr Eis essen gehen würden, heben wir uns von unseren Wettbewerbern nur durch permanente höchste Produktqualität ab. Aber das allein genügt noch nicht zur Differenzierung im Markt. Auch meine Dienstleistungen müssen höchsten Qualitätsanforderungen genügen. In erster Linie konzentriere ich mich natürlich auf mein Unternehmen selbst und biete hier eine Reihe kostenloser Kommunikationsmöglichkeiten via Internet an, ermögliche Online-Bestellungen, informiere über eine freiwillige Qualitätskontrolle durch ein unabhängiges Institut und lege regelmäßig eine Hauszeitung mit aktuellen Neuigkeiten aus dem Hause Camerin auf die Tische.

Doch ich bin auch außer Haus unterwegs mit möglicherweise etwas ungewöhnlichen Dienstleistungen für einen staatlich geprüften und diplomierten Speiseeishersteller. Als Betriebswirt und Wirtschaftswissenschaftler habe ich nach und nach ein gut funktionierendes Vertriebs- und Franchisesystem aufgebaut, das als schlüsselfertiges System zur Existenzgründung für eine Vielzahl von Partnern genutzt wurde. Meinen Partnern helfe ich nicht nur als Unternehmensberater dabei, Businesspläne oder Liquiditätspläne zu erstellen. Ich coache sie auf ihrem Weg in die Selbständigkeit und erweitere gleichzeitig ihre Angebotspalette. So gibt es beispielsweise mein Orig. ital. Camerin-Eis neben einer hochwertigen Brot- und Kuchentheke zu kaufen, in einem stark frequentierten Drive-In Geschäft oder auch im Restaurant des größten Kaufhauses von Marburg. Mit diesen Dienstleistungen als Gründer-Coach steigere ich deutlich meinen Umsatz und tue damit gleichzeitig etwas für eine höhere Auslastung der teuren Eismaschinen. Ich betreibe ein breites Marketing und sichere die Arbeitsplätze in meinem Eis-Café ebenso wie in den neu gegründeten Unternehmungen.

Neben dieser erfolgreichen Differenzierungsstrategie verfolge ich teilweise auch eine Nischenstrategie in einem Teilmarkt meines Eis-Cafés. Gewissermaßen als Signalartikel mache ich meinen Kunden für den Mittagstisch ein Angebot für ein Essen plus ein Getränk und ein Dessert in Form von Eis sowie einen Espresso für lediglich 6,99 Euro. Dieses tägliche Angebot wird sehr gern in Anspruch genommen, und so spricht sich meine Markeneisqualität auch sehr schnell herum. Und wer ein Camerin-Eis schon mal im Rahmen eines extrem günstigen Mittagsmenüs probiert hat, der kauft sich bei anderer Gelegenheit und möglicherweise sogar an einem anderen Ort dieses Eis eben auch außerhalb des Menüs – selbst zu einem höheren Preis."

4.3 Zusammenfassung

Mit dem Abschluss des zweiten Schrittes im Service-Engineering-Prozess verfügen Sie über eine hinreichend konkrete Vorstellung von Ihrer mittel- bis langfristigen Dienstleistungsstrategie. Darüber hinaus liegen Ihnen eine Reihe smart formulierter Ziele für neue Dienstleistungsangebote vor. Damit ist der strukturelle Rahmen vorgegeben, innerhalb dessen Sie anschließend konkrete Ideen für neue, zusätzliche Mehrwert-Dienstleistungen entwickeln können. Gleichzeitig haben Sie mit dieser methodischen Vorgehensweise Sorge getragen, dass die Zielrichtung Ihrer künftigen Entwicklungsarbeit nicht dem Zufall unterliegt, sondern streng auf die gewählte Dienstleistungsstrategie ausgerichtet bleibt.

Literatur

Harms, D.-J., Heinen, E., Kuiper, K., Myritz, R., Nenninger, B., Otto, U., & Strina, G. (2009). *Dienstleistungen systematisch entwickeln – Ein Methoden-Leitfaden für den Mittelstand*. Köln: Gebrüder Kopp.

Myritz, R. (2014). *Service Engineering – in fünf Schritten zur neuen Dienstleistung*. Köln: Gebrüder Kopp.

Myritz, R., & Zühlke-Robinet, K. (2013). *Neue Wege zu modernen Dienstleistungen*. Köln: Gebrüder Kopp.

Porter, M. E. (1980). *Competitive Strategy*. New York: The Free Press.

5 Dritter Schritt: Sie ermitteln das Dienstleistungspotential Ihres Unternehmens und entwickeln und bewerten neue Dienstleistungsideen

Ihre nächste Aufgabe besteht darin, neue Ideen zur Erweiterung Ihres Dienstleistungs-Portfolios zu entwickeln und deren Erfolgschancen am Markt zu bewerten. Wichtigste Voraussetzung dafür ist Ihre Kenntnis über das eigene Dienstleistungspotential.

5.1 Ermitteln Sie das Dienstleistungspotential Ihres Unternehmens

Die Fähigkeit und die Bereitschaft eines Unternehmens, eine Dienstleistung durchführen zu können, sind die wichtigsten Voraussetzungen für den Erfolg einer systematischen Dienstleistungsentwicklung. Dieses sogenannte Dienstleistungspotential ist keine statische Größe. Es handelt sich vielmehr um einen Prozess, auf den Sie jederzeit Zugriff haben und ihn durch entsprechende unternehmerische Entscheidungen entweder beschleunigen oder aber bremsen können.

Zum Ermitteln Ihres Dienstleistungspotentials nutzen Sie die Ergebnisse der von Ihnen bereits erarbeiteten Methoden und Hilfsmittel. Mit Hilfe des Kundenkontaktkreises (vgl. Abb. 3.1) haben Sie z. B. geklärt, welche Mitarbeiter an welchen Punkten des betrieblichen Leistungszyklus auf den Kunden treffen. Finden Sie durch Befragung heraus, ob und wie diese Mitarbeiter auf den jeweiligen Kundenkontakt vorbereitet sind. Vervollständigen Sie Ihr Wissen um die Dienstleistungskompetenz Ihres Unternehmens durch Hinzuziehen der drei Stärken-und-Schwächen Checklisten (vgl. Abb. 3.4, 3.5 und 3.6).

Beantworten Sie nun diese Fragen (Strina 2014):

- Ist mein Unternehmen mit all seinen Mitarbeitern und mit seinen derzeitigen Gegebenheiten bereits richtig aufgestellt für neue Dienstleistungsideen? Passen Anspruch und Realität zusammen?
- Woran muss als erstes gearbeitet werden? Müssen meine Mitarbeiter entsprechend geschult werden, z. B. für ein neues Corporate Design oder für eine Werbekampagne?
- Mit welchen ersten kleinen Schritten kann ich die notwendigen Veränderungen beginnen, wenn aus finanziellen oder anderen Gründen nicht gleich der „große Wurf" möglich ist?

Haben Sie bis zu diesem Zeitpunkt noch allein gearbeitet oder bestenfalls ab und an einen Unternehmensberater konsultiert, so ist spätestens jetzt der Zeitpunkt gekommen, den Sachverstand und die Erfahrungen Ihrer Mitarbeiter abzurufen. Zunächst entscheiden Sie, ob Sie die komplette Belegschaft in Ihren Service-Engineering-Prozess einbinden oder ob Sie sich auf ausgewählte Mitarbeiter konzentrieren möchten.

Um diese Entscheidung zu erleichtern, haben Sie erneut den Kundenkontaktkreis zu Rate gezogen (vgl. Abb. 3.1). In gut vorbereiteten Workshops holen Sie dann die Mitarbeiter ins Boot, die den Kontakt zum Kunden halten und deshalb seine Bedürfnisse, seine Wünsche, aber auch seine Kritikpunkte an bestehenden Dienstleistungen meist sehr genau kennen. Diese Mitarbeiter wissen nicht nur, an welcher Stelle des betrieblichen Leistungszyklus der Kunde für eine neue Dienstleistungsidee zugänglich wäre. Sie wissen auch, welche konkreten Möglichkeiten es gibt, an diesen Orten aktiv auf den Kunden einzuwirken (vgl. Abb. 5.1)

In dieser Phase des Service Engineering werden häufig die Grenzen deutlich, die der Terminplan einem mittelständischen Unternehmer setzt. Gerade in KMU ist ein 8-h-Tag für Sie die große Ausnahme und nicht die Regel. Für Aufgaben wie eine strategische Planung und damit für eine systematische Vorgehensweise bleibt meist wenig Zeit. Um dieses weit verbreitete Mittelstands-Dilemma zu lösen, können Sie – abhängig vom Umfang Ihrer geplanten Service-Engineering-Strategie und natürlich auch von Ihrer Betriebsgröße – ein festes Entwicklungsteam ins Leben rufen. Mit der Leitung beauftragen Sie einen erfahrenen und kompetenten Mitarbeiter.

Parallel dazu wird ein Rapportsystem erarbeitet, um die Kommunikation der Teammitglieder untereinander zu gewährleisten, aber auch, um Sie zeitnah an allen Entwicklungen zu beteiligen. Damit haben Sie die Möglichkeit, lediglich dann in die Prozessgestaltung einzugreifen, wenn Sie die Notwendigkeit dafür erkennen sollten. Dies schont Ihr knappes Zeitbudget und stärkt gleichzeitig die Bereitschaft der Teammitglieder, die ihnen vom Chef übertragene Verantwortung

5.1 Ermitteln Sie das Dienstleistungspotential Ihres Unternehmens

Einwirkungsmöglichkeiten auf den Kunden

Phase	Kundensituation	Mögliche Leistung	Betriebliche Ziele
Informationsphase	Wunsch nach Befriedigung eines Grundmotivs ist geweckt; Studium von Informationsmaterial; Befragung von Architekten, Anbietern usw.; Internet-Recherche; Messe-, Ausstellungsbesuch	Werbung; Öffentlichkeitsarbeit; Vortragsveranstaltung; Internet-Auftritt; Messe-Beteiligung; Produkt-Informationsblätter; Muster, Modelle, Proben; Video-, PP-Präsentationen; Nennung von Referenzkunden	auf Betrieb aufmerksam machen; Umsatzsteigerung; Markterweiterung; Dokumentation der Leistungsfähigkeit; Imagepflege; Kontaktpflege; Kundenbindung
Angebots-/Kaufphase	Abwägen und Prüfen von Alternativen für persönlichen Nutzen; Entscheidung, wenn Nutzen größer als Investition	Planung, Beratung; Tests ermöglichen; Einladung zu Werkstattbesuch; Besuch bei Lieferanten anbieten; VIP-Rabatt	Betrieb als Problemlöser; Überzeugung durch Preis-Leistungs-Verhältnis; Auftragsabschluss; Berücksichtigung von Kundenwissen
Auftragsausführungsphase	Verwirklichen des persönlichen Wunsches; evtl. kritische Beobachtung der Auftragsausführung vor Ort	Mitwirkung des Kunden ermöglichen; Unterweisung in Anwendung und Instandhaltung; Pflegeanleitungen; Rücksichtnahme auf Eigenheiten	Darstellung der leistungs- und anwendungsgerechten Funktionserfüllung; Auftragsabwicklung erfüllt; Kundenerwartungen berücksichtigen; Kunden zufrieden stellen
Nutzungsphase	Freude und Zufriedenheit über Richtigkeit der getroffenen Entscheidung und den erkennbaren persönlichen Nutzen; Vorüberlegungen für Zusatz-/Ersatzbeschaffung	Beratung über Erweiterungs-/Verbesserungsmöglichkeiten; Kundenbefragungen; Empfehlen von Kooperationspartnern; Einrichten Service-Hotline; Wartung, Instandsetzung; Empfehlungen honorieren; Auslauf: Ausbau, Abtransport, Inzahlungnahme, Vermittlung, Entsorgung	Sicherstellen von Funktionstüchtigkeit und Wirtschaftlichkeit; Steigerung der Kundenzufriedenheit = Begeisterung hervorrufen; Anschlussaufträge erhalten; Erleichterung des Neuverkaufs; dauerhafte Kundenbindung; Kunde als Empfehlungsgeber

Abb. 5.1 Einwirkungsmöglichkeiten auf den Kunden, Teil 1 und 2. (vgl. Harms, D.-J. et al. 2009, S. 14)

als unternehmerische Zukunftsplaner mit größter Gewissenhaftigkeit zu übernehmen. Dieser Prozess hängt entscheidend auch von der Führungskraft und Führungskultur ab.

Sie verfügen noch über weitere Entwicklungsressourcen. Beispielsweise können Sie enge Kontakte zu einzelnen ausgewählten Kunden nutzen, um sie nach ihren Verbesserungsvorschlägen oder Kritiken zu befragen. Diese Informationen können entweder mit Hilfe eines Fragebogens oder aber durch kurze Telefoninterviews systematisch abgefragt werden. Nicht selten trägt das direkte Gespräch bei Kundenbesuchen dazu bei, das für die Neuentwicklung von Dienstleistungsideen notwendige Wissen in Erfahrung zu bringen. Entscheidend ist lediglich, dass Sie sich eine feste Struktur für die Kundengespräche zurechtlegen und Ihren strategischen „roten Faden" während des Gesprächs beharrlich verfolgen.

Der Input muss anschließend natürlich dem gesamten Entwicklungsteam zur Verfügung stehen und neben den Erfahrungen der Mitarbeiter bei der weiteren Entwicklungsarbeit berücksichtigt werden. Aus vielen unterschiedlichen Quellen wird so ein anfangs meist noch etwas unübersichtlicher Datenpool gespeist, in dem allerdings jede Menge neuer Ideen schlummern.

5.2 Ideenentwicklung mit dem Morphologischen Tableau

Zur methodischen Unterstützung der Ideenentwicklung trägt das **Morphologische Tableau** bei, ein aus dem Ingenieurbereich stammendes Instrument zur systematischen Ideenfindung (vgl. Abb. 5.2). Dabei werden die wesentlichen Merkmale und Funktionen einer zu entwickelnden neuen Leistung in einer Tabelle zusammengefasst. Durch Kombination verschiedener Merkmalsausprägungen ergeben sich zahlreiche neue Lösungsansätze, die es anschließend zu besprechen und zu bewerten gilt.

Das Morphologische Tableau wird in fünf Schritten bearbeitet:

1. **Klären Sie die Aufgabenstellung:** Die eindeutige Festlegung der Aufgabenstellung ist die wichtigste Voraussetzung für eine erfolgreiche Durchführung der Methode. Diese Fragen sollten Sie beantworten:
   - Für welche Kunden soll die Dienstleistung entwickelt werden?
   - Welche konkreten Anforderungen werden an die zu entwickelnde Dienstleistung gestellt?
2. **Ermitteln Sie die wesentlichen Merkmale bzw. Funktionen der Dienstleistung:** Die Merkmale sollten diese Bedingungen erfüllen:

5.2 Ideenentwicklung mit dem Morphologischen Tableau

Morphologisches Tableau

Betrieb: Gebäudereinigung
Geschäftsfeld: Servicefahrzeug
Datum:
Blatt:

Merkmale (bei allen Lösungen wiederholt auftauchende Merkmale)	Ausprägung Lösungsmöglichkeiten	Alternativen						
		1	2	3	4	5	6	7
A	Art / Modell	Kleinwagen	PKW	Kombi	Transporter	Anhänger		
B	Farbe	silber	blau	weiß				
C	Werbung	Schriftzug Anschrift	silbernes Tablett	keine				
D	RG-Mittel	gesamte Produktpalette	übliche Produkte	gesamte Produktgruppe	standardisierte Produkte			
E	RG-Geräte	gesamte Gerätepalette	übliche Geräte	standardisierte Geräte				
F	Werkzeugtasche	offen	Koffer	Kisten	Tasche	Trolli		

Abb. 5.2 Morphologisches Tableau Gebäudereinigung. (vgl. Myritz 2014, S. 9)

- Sie sollten unabhängig voneinander existieren, sich also nicht gegenseitig bedingen.
- Sie sollten für die generelle Lösung des Problems relevant sein.
- Sie sollten umsetzbar sein.

Die gesammelten Merkmale der Dienstleistungsidee werden in der linken Spalte der Tabelle untereinander notiert (vgl. Beispiel Abb. 5.2).

3. **Ermitteln Sie die möglichen Ausprägungen der einzelnen Merkmale:** Gesammelt werden alle möglichen und vorstellbaren Ausprägungen der Merkmale und rechts neben dem jeweiligen Merkmal in einer Zeile festgehalten (vgl. Abb. 5.2). Finden Sie für jedes Merkmal mindestens drei verschiedene Ausprägungen.
4. **Kombinieren Sie die Merkmalsausprägungen:** In dieser „synthetischen" Phase prüfen Sie die verschiedenen Kombinationsalternativen. Dabei wird aus jeder Zeile eine Merkmalsausprägung ausgewählt und dann mit einer der folgenden Zeilen verknüpft. So ergeben sich zahlreiche neue Kombinationsmöglichkeiten. Dieser Vorgang wird mehrmals durchgeführt, um sowohl unsinnige Kombinationen als auch eventuell bereits bekannte Dienstleistungsversionen auszuschließen.
5. **Wählen Sie die beste Dienstleistungsidee aus:** Überprüfen Sie die verschiedenen Lösungsalternativen auf ihre Machbarkeit hin. Dabei werden die technisch und wirtschaftlich unbedeutenden Lösungen ausgeschlossen. Die brauchbaren Lösungen markieren Sie durch Linienzüge oder andere Formen einer grafischen Hervorhebung in der Tabelle und verfolgen Sie weiter.

Beispiel Dietmar Vollmer 2

Die Präsentation einer möglichst hohen Professionalität schon beim ersten Zusammentreffen seiner Reinigungsteams mit den Privatkunden war für Geschäftsführer Dietmar Vollmer von der Emil Vollmer Gebäudereinigung GmbH in Stühlingen-Eberfingen bei der Entwicklung seines neuen B2C-Geschäftsmodells besonders wichtig. Nachdem er bereits seine SMART-Zielstellung (vgl. Abb. 4.2) zusammen mit ausgewählten Mitarbeitern entwickelt hatte, beteiligte er sie nun auch an seiner Arbeit mit dem Morphologischen Tableau, um die gemeinsam entwickelten Ziele in Ideen umzusetzen (vgl. Abb. 5.2).

Nachdem eine Reihe von Merkmalen ausgewählt wurde, die für die Entwicklung eines Service-Fahrzeugs wichtig werden sollten, sammelte das Entwicklungsteam von Dietmar Vollmer mögliche Alternativen und entschied sich schließlich dafür, fünf silberfarbene Kleinwagen mit Firmen-Logo und

5.2 Ideenentwicklung mit dem Morphologischen Tableau

Firmenadresse auf den Seitenflächen der Fahrzeuge anzuschaffen. Die Reinigungsmitarbeiter würden weder offene Taschen oder gar Kisten mit sich schleppen, sondern einen eleganten Trolli-Koffer mit sich führen, wenn sie in ihren modischen Overalls und mit Überziehern über ihren Schuhen die Wohnung des Privatkunden betreten.

Es wurde ein rundum professioneller Auftritt entworfen, wenn das Reinigungsteam mit silberfarbenem Trolli-Koffer aus dem silberfarbenen Service-Fahrzeug aussteigen würde. Auch der Koffer hat es nämlich in sich. Er enthält eine komplette Auswahl standardisierter Reinigungsprodukte und Geräte. Ohne langes Suchen haben die Mitarbeiter augenblicklich alles zur Hand, was sie im Kundeneinsatz benötigen würden. So würden sie nicht nur schnell und effektiv eine rundum saubere Dienstleistung erbringen, sondern gleich auch noch mit dem guten Gefühl an die Arbeit gehen, vom Kunden als Reinigungs-Profis wahrgenommen und entsprechend geachtet zu werden (Myritz und Zühlke 2013, S. 35 f.).

▶ **Tipp** Im Zusammenhang mit der Entwicklungsarbeit an neuen Dienstleistungsideen erfahren Sie immer auch etwas über mögliche Optimierungschancen in Ihrem Unternehmen, sei es, dass sich bestimmte Strukturen als überflüssig oder gar kostentreibend erweisen oder aber dass bestimmte Abläufe nicht mehr zielführend sind und überarbeitet werden müssen. Nutzen Sie auch diese Chance, am Dienstleistungspotential Ihres Unternehmens zu arbeiten. Sie machen Ihr Unternehmen nicht nur durch neue Dienstleistungen wettbewerbsfähiger, sondern unterziehen im Verlauf des Service-Engineering-Prozesses gleichzeitig auch noch viele betriebliche Strukturen und Abläufe einem Effizienzcheck.

Beispiel Dietmar Vollmer 3
Geschäftsführer Dietmar Vollmer veränderte im Zusammenhang mit der Entwicklung seines neuen Privatkunden-Geschäftsfeldes die Führungsstruktur der Emil Vollmer Gebäudereinigung GmbH. Die Geschäftsbereiche B2B und B2C wurden klar voneinander getrennt. Die mittlere Führungsebene der Objektleiter im B2B-Geschäft wurde stärker in unternehmerische Entscheidungen eingebunden und erhielt eine größere Verantwortung. Damit verschaffte sich Dietmar Vollmer einen größeren Handlungsspielraum zur persönlichen Betreuung und Optimierung des neuen B2C-Geschäftsfeldes. Gleichzeitig wurde die innerbetriebliche Kommunikation verbessert, um den Informationsfluss zu beschleunigen – eine Voraussetzung, die vor allem der Privatkunde zu schätzen weiß. Parallel zu einer Zertifizierung dokumentiert

und synchronisiert heute eine elektronische Übermittlungssoftware sämtliche Informationen über Mitarbeiter, Kunden und Lieferanten, um die Arbeit zu erleichtern. „Die Nagelprobe jedoch", sagt Vollmer, „mache ich regelmäßig mit einer Kundenbefragung" (Myritz und Zühlke 2013, S. 37).

Sie halten jetzt eine Reihe zusätzlicher neuer Ideen für Mehrwert-Dienstleistungen in der Hand. Dank Ihres systematischen Vorgehens können Sie sicher sein, dass Sie dabei Ihre einmal gewählte Dienstleistungsstrategie zügig weiter verfolgen. Ebenso sicher können Sie sein, dass Ihr Dienstleistungspotential Sie in die Lage versetzen wird, die neuen Ideen erfolgreich umzusetzen. Schließlich haben Sie im Verlauf Ihres Service-Engineering-Prozesses bereits mehrere Male die Möglichkeit genutzt, Fähigkeit und Bereitschaft Ihres Unternehmens zur Lösung dieser Aufgaben kennenzulernen. Nur eines wissen Sie nicht. Werden die neuen Dienstleistungen Erfolg am Markt haben? Niemand scheint zu diesem Zeitpunkt in der Lage zu sein, über Erfolg oder Misserfolg der neuen Ideen urteilen zu können. Scheinbar bleiben Ihnen nur Ihre Erfahrungen mit vergleichbaren Dienstleistungen und Ihre unternehmerische Intuition, um das Risiko eines Scheiterns und damit eines Investitionsverlustes verhindern zu können.

5.3 Überprüfen Sie einen möglichen Markterfolg mit Hilfe der SWOT-Analyse

Um eine neue Idee bewerten und die damit verbundenen Erfolgschancen, aber auch eventuell damit verbundene Risiken besser einschätzen zu können, bietet sich die **SWOT-Analyse** an (vgl. Abb. 5.3). Dabei handelt es sich um eine weitere Methode zur Beurteilung der Dienstleistungskompetenz eines Unternehmens, die viele bereits vorhandene Analyseansätze zu einem aussagefähigen Bewertungssystem zusammenführt. Als Grundlage können Sie beispielsweise die bereits vorliegenden Checklisten zur Ermittlung der eigenen Stärken und Schwächen heranziehen (vgl. Abb. 3.4, 3.5 und 3.6).

Bei sorgfältiger Auswahl der in der SWOT-Analyse erfragten Kriterien gibt diese Methode Auskunft über die inneren Stärken und Schwächen sowie die äußeren Chancen und Risiken eines Unternehmens. SWOT steht für (Abb. 5.3):

- **S**trengths (Stärken)
- **W**eaknesses (Schwächen)
- **O**pportunities (Chancen)
- **T**hreats (Gefahren)

5.3 Überprüfen Sie einen möglichen Markterfolg mit Hilfe der SWOT-Analyse

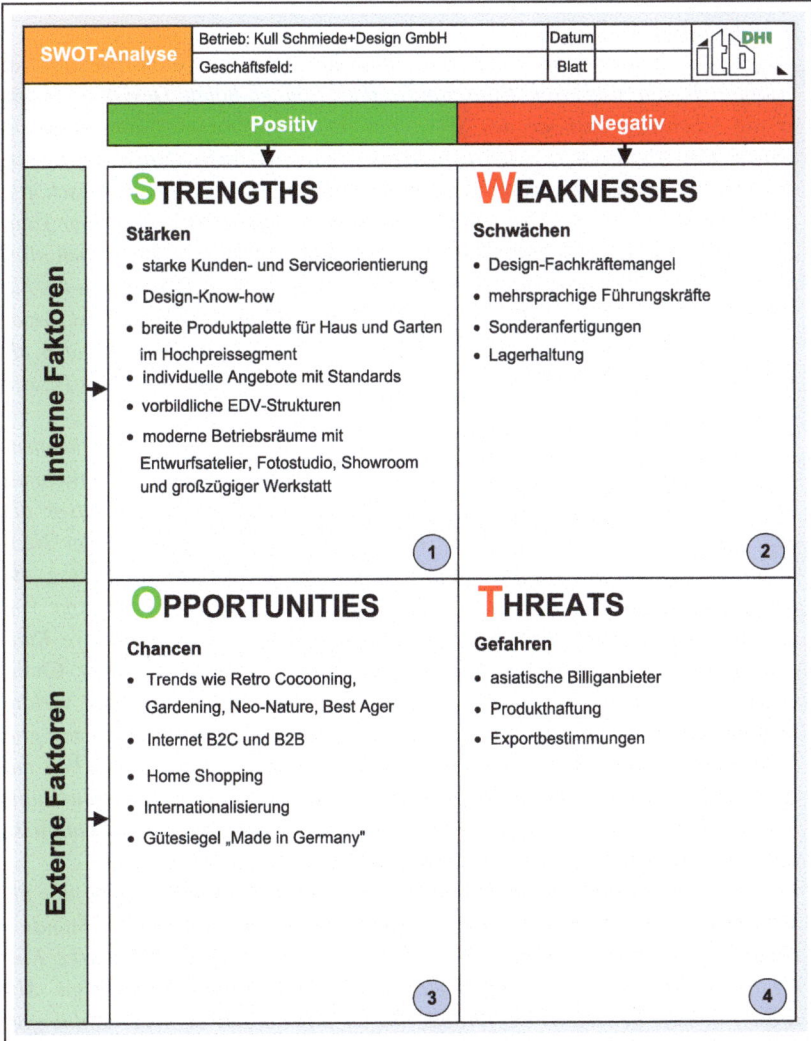

Abb. 5.3 SWOT-Analyse Kull Schmiede + Design GmbH. (vgl. Harms, D.-J. et al. 2009, S. 38)

Beispiel Jürgen Kull 1

Jürgen Kull beschritt mit seiner Kull Schmiede + Design GmbH in Bruchsal erfolgreich den Weg vom Kunsthandwerker zum globalen Designer, indem er die 5-Schritte-Methode des Service-Engineering-Prozesses konsequent in seinem Betrieb umsetzte. „Ich habe mein gesamtes Unternehmen umstrukturiert und nicht nur eine neue Zielgruppe entdeckt oder ein neues Geschäftsfeld entwickelt", sagt er. Sein Kernproblem war handwerkstypisch: Wer kauft noch handgeschmiedete Produkte, wenn der Baumarkt um die Ecke auch alles im Sortiment führt, von der Türklinke über Briefkästen, Gartenlampen bis hin zu Sprechanlagen? „Preislich", weiß der Handwerksunternehmer, „ist dieser Wettbewerb für mich nur ruinös. Deshalb setze ich darauf, vom Kunden als Komplettanbieter betrachtet zu werden, der ein unverwechselbares Design anbietet."

Dazu musste Jürgen Kull seine Kunden und ihre Wünsche besser kennenlernen. Durch eingehende Marktanalysen erschloss sich der Unternehmer schließlich neue Kundengruppen. Gleichzeitig betrachtete er intensiver die neuen Trends auf dem Markt wie Retro Cocooning, Gardening oder Neo-Nature. Im Zusammenhang mit dem Ergebnis seiner Zielgruppenanalyse, die sowohl Best Ager im B2C-Geschäft als auch die wachsende Nachfrage von B2B-Kunden für modernes Design im Hochpreissegment als attraktive Kundengruppen erkennen ließen, erkannte Kull eine ganze Reihe neuer Chancen für seinen Betrieb (vgl. Abb. 5.3). „Die größte Hilfe für mich im Verlauf meiner Arbeit als Pilotbetrieb war das Kennenlernen neuer Sichtweisen und Methoden", erläutert er seinen individuellen Lernprozess bei der Arbeit mit den Instrumenten des Service Engineering, „die Frage, wie man wissenschaftlich-analytisch nach Lösungen für ein Problem sucht und seine Erkenntnisse danach systematisch umsetzt" (vgl. Harms, D.-J. et al. 2009, S. 37 f.).

Jürgen Kull richtete einen heute zweisprachigen Online-Shop ein, der für sämtliche Endgeräte nutzbar ist, vom iPad bis zum iPhone. Durch Standardisierung und Spezialisierung entwickelte der Unternehmer die Marke Kull Design Gart + Art für seine Gartenwasserhähne im Edelstahldesign. Mit diesen beiden betrieblichen Veränderungen durchbrach er seine Abhängigkeit vom privaten Endverbraucher und entging dem ruinösen Preisdiktat der industriellen Konkurrenz. Heute gehören zu 40 % Gartenlandschaftsarchitekten und Landschaftsgärtner zu seinen Kunden, die bei ihm kaufen und nun ihrerseits den Endverbraucher beliefern.

Darüber hinaus verschaffte ihm die Markenentwicklung einen unschätzbaren Vorteil bei Ausschreibungen. Weil Kulls Produkt gleichzeitig das Markendesign ist und kein No-name-Produkt, taucht in den Ausschreibungen der

Architekten kein anderer Gartenwasserhahn auf als Kull Design Gart + Art. „An Kull kommt in Europa niemand vorbei", sagt der Unternehmer. In kürzester Zeit wurde Jürgen Kulls Unternehmen europaweit der größte Produzent von Design-Gartenwasserhähnen aus Edelstahl. Rund 30 % seiner Design-Wasserhähne liefert er mittlerweile ins Ausland. Mit dem Online-Shop schuf er die Grundlage dafür und generiert heute 90 % seines Umsatzes online (vgl. Myritz 2015, S. 2).

5.4 Zusammenfassung

Gemeinsam mit Ihrem Entwicklungsteam haben Sie am Ende des dritten Schrittes im Service-Engineering-Prozess das Dienstleistungspotential Ihres Unternehmens nicht nur ermittelt, sondern meist auch schon optimiert. Mit Hilfe des Morphologischen Tableaus ist es Ihnen gelungen, eine Reihe neuer und vielversprechender Mehrwert-Dienstleistungen zu entwerfen. Darüber hinaus hat Sie der Einsatz der SWOT-Analyse zur Überprüfung eines möglichen Markterfolgs dieser Dienstleistungen dazu befähigt, die Stärken Ihres Unternehmens gezielt einzusetzen. Gleichzeitig haben Sie andere Dienstleistungsideen nach dem SWOT-Check aussortiert, weil die hier erkannten unternehmerischen Schwächen einen unmittelbaren Markterfolg zumindest zum gegenwärtigen Zeitpunkt zweifelhaft erscheinen lassen. Jetzt sind Sie bereit dafür, den eigentlichen Dienstleistungsprozess für Ihre erfolgversprechenden neuen Ideen im Detail zu gestalten.

Literatur

Harms, D.-J., Heinen, E., Kuiper, K., Myritz, R., Nenninger, B., Otto, U., & Strina, G. (2009). *Dienstleistungen systematisch entwickeln – Ein Methoden-Leitfaden für den Mittelstand.* Köln: Gebrüder Kopp.
Myritz, R. (2014). *Service Engineering – in fünf Schritten zur neuen Dienstleistung.* Köln: Gebrüder Kopp.
Myritz, R. (2015). *5 Schritte zum Erfolg.* Köln: Gebrüder Kopp.
Myritz, R., & Zühlke-Robinet, K. (2013). *Neue Wege zu modernen Dienstleistungen.* Köln: Gebrüder Kopp.
Strina, G. (2014). Systematische Dienstleistungsentwicklung und -gestaltung, DHKT-Seminar, Düsseldorf, 1. bis 3.7.2014 (PowerPoint-Präsentation).

6 Vierter Schritt: So gestalten Sie effizient Ihren Dienstleistungsprozess

Inzwischen ist Ihnen Ihre aktuelle Dienstleistungssituation bestens bekannt. Außerdem haben Sie eine Reihe konkreter neuer Dienstleistungsziele ermittelt und Ihre Dienstleistungsstrategie entweder neu bestimmt oder bereits erweitert. Das Dienstleistungspotential Ihres Unternehmens liegt Ihnen ebenfalls vor. Darüber hinaus haben Sie zusammen mit Ihrem betrieblichen Entwicklungsteam eine ganze Reihe neuer, vielversprechender Dienstleistungsideen entwickelt und sie sogar schon auf ihre möglichen Marktchancen hin bewertet. Im vierten Schritt des Service-Engineering-Prozesses geht es darum, die ersten dieser Ideen umzusetzen. Jetzt soll der Dienstleistungsprozess gestaltet werden.

Dienstleistungsprozess: Unter diesem Begriff wird der gesamte Vorgang der Dienstleistungserbringung von der Informationsphase über die Angebots- bzw. Kaufphase, die Phase der Auftragsausführung bis hin zur Nutzungsphase verstanden (Harms, D.-J. et al. 2009, S. 49).

6.1 Visualisieren Sie den Dienstleistungsprozess durch Blueprinting

Im Unterschied zu einem Produkt ist eine Dienstleistung immateriell. Diese Unsichtbarkeit erschwert das Optimieren ihrer Herstellung. Häufig wissen Sie deshalb nicht genau, welche Effekte das Drehen an den diversen Stellschrauben im Herstellungsprozess einer Dienstleistung zur Folge haben wird. Um den Dienstleistungsprozess bzw. seine einzelnen Phasen anschaulicher zu machen, empfiehlt sich deshalb der Einsatz eines sogenannten **Service Blueprints**, auch „Dienstleistungs-Blaupause" genannt (vgl. Abb. 6.1).

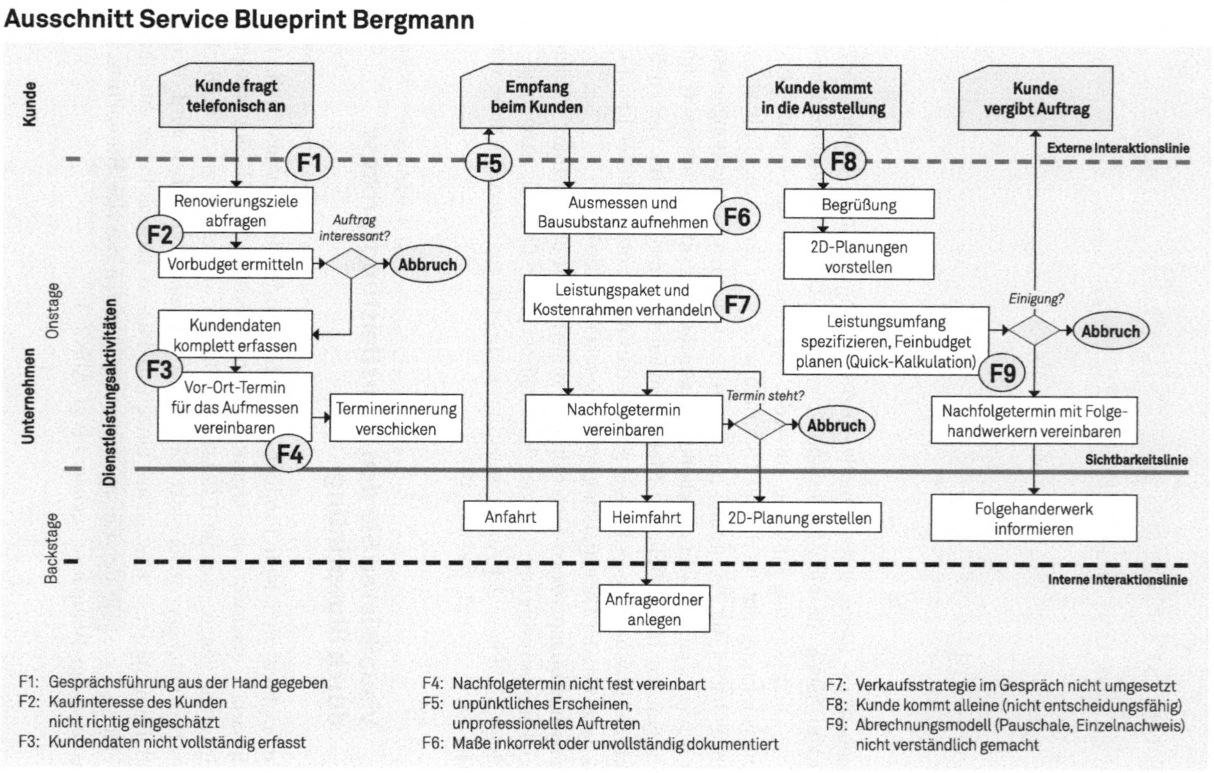

Abb. 6.1 Service Blueprint Bergmann (vgl. Myritz 2009, S. 18) (Quelle: Fraunhofer IAO)

Service Blueprint: Diese Methode dient der Dokumentation und der Analyse eines Dienstleistungsprozesses. Ein Blueprint stellt detailliert und transparent einen konkreten Dienstleistungsprozess in Form eines chronologisch verlaufenden Ablaufdiagramms mit entsprechenden Zuständigkeiten und Verantwortlichkeiten dar. Die Erarbeitung und Aufzeichnung eines Service Blueprints bezeichnet man als Blueprinting (Myritz 2009, S. 17). Die Methode zeichnet sich gegenüber anderen Prozessanalyseverfahren vor allem dadurch aus, dass eine sehr genaue Unterscheidung möglich ist zwischen Ereignissen, die im direkten Kontakt mit dem Kunden geschehen, und Handlungen, die im Hintergrund zusätzlich ablaufen müssen, um das gewünschte Ergebnis zu erzielen.

Die Visualisierungsmethode des Service Blueprintings stellt immer eine Ist-Situation von Abläufen, Schnittstellen und Zusammenhängen im Kontext des Dienstleistungsprozesses dar. Darüber hinaus können Sie diese Darstellung mit Hilfe einiger Symbole so vornehmen, dass die erarbeitete „Blaupause" sowohl die wichtigsten Entscheidungssituationen als auch mögliche Fehlerquellen im Ablauf der dargestellten Dienstleistungsaktivitäten beinhaltet (Harms, D.-J. et al. 2009, S. 20 f.).

▶ **Tipp** Die Erfahrungen beim Blueprinting zeigen, dass die Einbeziehung der Mitarbeiter auch hier von großem Nutzen sein kann. Dies gilt sowohl beim Erstellen, Ausarbeiten des Instruments als auch bei der Auswertung. Sie sind deshalb gut beraten, das betriebliche Entwicklungsteam, das bereits sehr erfolgreich an der Entwicklung neuer Dienstleistungsideen gearbeitet hat, nun auch an der Planung des Dienstleistungsprozesses zu beteiligen.

Um ein Service Blueprint zu erstellen, nehmen Sie zunächst auf der Basis von Dokumentenanalysen und Interviews alle notwendigen Arbeitsschritte auf und stellen sie anschließend in Form eines Ablaufdiagramms dar. Es entsteht eine Abbildung mit mehreren Ebenen. Das Gerüst eines Service Blueprints besteht aus der „Bühne", auf der Sie eine Dienstleistung für Ihren Kunden erbringen, und aus den „Kulissen". Dieser auch „Backstage" genannte Bühnenbereich befindet sich im dienstleistenden Unternehmen und ist deshalb für den Kunden meist unsichtbar. Bühne und Kulissenbereich sind durch die sogenannte Sichtbarkeitslinie voneinander getrennt. Der Kunde nimmt häufig nur die Geschehnisse „Onstage" wahr. Dies ist die Dienstleistungsumgebung. Lediglich in Ausnahmefällen verlässt er seine Bühne und betritt das dienstleistende Unternehmen. Dann befindet er sich Backstage, also in den Kulissen.

Im Unterschied zum Kunden sind Sie und Ihre Mitarbeiter als dienstleistendes Unternehmen fast überall aktiv. Sie haben das Geschehen sowohl auf der Bühne als auch in den Kulissen ständig im Blick und gestalten sämtliche Aktivitäten, die zum Erbringen der Dienstleistung nötig sind. Allerdings reicht Ihr Aktionsradius nur bis zur sogenannten Externen Interaktionslinie. Dahinter werden die einzelnen Prozessschritte aufgeführt, an denen die Kunden direkt beteiligt sind (z. B. Abstimmungsgespräche, Eigenleistungen etc.). Eine Ebene darunter – oberhalb der Sichtbarkeitslinie – finden Ihre Tätigkeiten statt, die der Kunde erkennen kann. Dies ist für ihn die Dienstleistung, für die er bezahlt.

Aus Ihrer Perspektive ist diese Ebene jedoch oft nur die Spitze des Eisbergs, denn die Dienstleistung umfasst auch Aktivitäten, die der Kunde nicht wahrnimmt. Auf der Ebene unterhalb der Sichtbarkeitslinie findet man in einem Service Blueprint deshalb eine ganze Reihe von Arbeitsschritten, die ihm in der Regel verborgen bleiben. Dies ist der für den Kunden unsichtbare Anteil an der Dienstleistung. Eine letzte Unterteilung der Ablaufbereiche, die sogenannte Interne Interaktionslinie, grenzt Aktivitäten unterschiedlicher Abteilungen innerhalb Ihres Unternehmens voneinander ab und schafft für Sie zusätzliche Transparenz bei der Planung des Dienstleistungsprozesses (z. B. diverse Zuarbeiten oder andere Unterstützungsleistungen).

Das Service Blueprinting erfolgt in vier Schritten (Harms, D.-J. et al. 2009, S. 20 f.):

1. **Wählen Sie die zu betrachtende Dienstleistung aus:** Sie bestimmen eine Dienstleistung, die Sie genauer betrachten möchten.
2. **Grenzen Sie den Dienstleistungsprozess ab:** Sie legen Grenzen des abzubildenden Dienstleistungsprozesses fest, um ihn in einzelne, sinnvolle Teilprozesse zerlegen zu können. Diese Ausschnitte werden getrennt voneinander untersucht. Über die Anfangs- und Endereignisse des abzubildenden Dienstleistungsprozesses muss völlige Klarheit bestehen.
3. **Zeichnen Sie die Abläufe auf:** Bei der Darstellung des ausgewählten Dienstleistungsprozesses ist es wichtig, deutlich zwischen den Aktionen des Kunden und Ihren unternehmerischen Handlungen zu unterscheiden. So wird eine mögliche Einbeziehung des Kunden in den Gesamtablauf erkennbar. Sie sollten deshalb zunächst die Sichtbarkeitslinie markieren, um zwischen den Aktivitäten „Backstage" bzw. „Onstage" unterscheiden zu können. Sie erfahren damit, was der Kunde sehen und was er nicht sehen kann. Und Sie erkennen, welcher Bereich der Dienstleistungsaktivitäten Ihrem Einfluss unzugänglich bleibt, nämlich alles, was jenseits der Externen Interaktionslinie liegt.
4. **Suchen Sie nach Fehlerquellen:** Schon im Verlauf des Blueprintings erkennen Sie erste Probleme oder Fehler, die während des visualisierten Dienstleistungsprozesses auftreten. Kennzeichnen Sie sofort diese Schwachstellen mit den empfohlenen Symbolen (vgl. Abb. 6.1), um sie anschließend systematisch bearbeiten und abstellen zu können.

6.1 Visualisieren Sie den Dienstleistungsprozess durch Blueprinting

▶ **Tipp** Grundsätzlich gilt: Die rechtzeitige Fehlervermeidung ist wirtschaftlicher als eine nachträgliche Fehlerbeseitigung. Je später ein Fehler in einer Prozesskette erkannt wird, desto schwieriger und aufwendiger ist er zu beseitigen. Hinzu kommt, dass Fehler bei der Dienstleistungserbringung im Gegensatz zu Fehlern bei ihrer Entwicklung nicht mehr behoben oder rückgängig gemacht werden können (Harms, D.-J. et al. 2009, S. 21).

Beispiel Ulrich Bergmann 1

Ulrich Bergmann, Inhaber der 1979 gegründeten Sanitär Bergmann GmbH aus Mosbach, analysierte mit Hilfe des Blueprintings seine Geschäftsprozesse und suchte nach einer Lösung für sein handwerkstypisches Problem – die kostenlose Erbringung von Leistungen im Vorfeld eines Auftrags. Ulrich Bergmann fasst zusammen: „Ein möglicher Kunde kommt zu mir ins Unternehmen, besichtigt meinen Showroom, erbittet und erhält natürlich zusätzliche Informationen, lädt mich zur Besichtigung der eventuellen künftigen Baustelle ein usw. Ich erbringe eine Fülle von Vorleistungen, ohne dass mir ein Auftrag als Basis für eine spätere Rechnung vorliegt. In der Regel entscheidet sich der Kunde nämlich erst am Ende dieser Prozedur für einen Auftrag. Tut er es nicht, war all meine Arbeit umsonst."

Der Unternehmer dokumentierte zunächst ausführlich den gesamten Verkaufsablauf und definierte dabei insgesamt drei Kundenkontakte: Der erste Kundenkontakt dient dem gegenseitigen Kennenlernen und bereitet meist den zweiten Kundenkontakt vor, den sogenannten Aufmaßtermin im Bad des Kunden. Zum dritten Kundenkontakt kommt es, wenn der Unternehmer als Ergebnis der vorangegangenen Kontakte seine Planung und Kalkulation abschließen und dem potentiellen Kunden vorlegen kann (Myritz 2009, S. 14 f.).

Ein Auftrag liegt bis zu diesem Zeitpunkt nicht vor. Noch kann sich der Kunde für ein anderes Unternehmen entscheiden, und sämtliche Vorleistungen des Unternehmens wurden verschenkt. Schlimmer noch. Um den Akquiseaufwand zu reduzieren, kommt es nach Auskunft von Ulrich Bergmann beim Aufmaßtermin nicht selten zu schwerwiegenden Versäumnissen. So werden nach seiner Erfahrung z. B. aus Schludrigkeiten handfeste Kalkulationsfehler, die einen erheblichen Einfluss auf das Betriebsergebnis haben können: „Der Anteil am Dienstleistungsaufwand pro Auftrag kann mangels fehlender Analyse nicht verbessert werden, was den Betrieb früher oder später von der wirtschaftlichen Entwicklung seiner Branche abkoppelt."

Im Rahmen seiner Tätigkeit als Pilotbetrieb eines Forschungsprojekts des Karlsruher Instituts für Technik der Betriebsführung (itb) und dem Fraunhofer-Institut für Arbeitswirtschaft und Organisation (IAO) in Stuttgart nutzte Ulrich Bergmann die Möglichkeit, sein Problem mit Hilfe von Experten im Labor zu analysieren und nach einer Lösung zu suchen. Das sogenannte ServLab des Fraunhofer IAO bot die dazu notwendigen Voraussetzungen.

6.2 Inszenieren Sie den Dienstleistungsprozess im Labor

Ermitteln Sie zur besseren Visualisierung Ihrer Vorgehensweise bei der Entwicklung eines neuen Dienstleistungsprozesses geeignete Möglichkeiten, um das Blueprinting zu erweitern. Damit suchen Sie gleichzeitig nach Wegen, Ihre Dienstleistungen bereits in einem frühen Entwicklungsstadium zu testen und reduzieren Ihr Innovationsrisiko. Das Fraunhofer IAO in Stuttgart beschäftigt sich bereits seit über 20 Jahren mit dem Thema Dienstleistungsentwicklung und hat im ServLab seine Dienstleistungskompetenz gebündelt. Dieses Labor bietet Unternehmen den Zugriff auf verschiedene Methoden und Werkzeuge. In erster Linie können hier mit Hilfe von Modellierungstools unterschiedliche Dienstleistungsprozesse abgebildet, analysiert und anschließend optimiert werden.

Kernstück des Labors ist ein 3D-interaktives Stereo-Projektionssystem, das vor den Augen der Zuschauer auf Knopfdruck einen realitätsgetreuen virtuellen Raum entstehen lässt. Eine große Projektionswand kommt zum Einsatz, wenn ganz bestimmte Aspekte der Dienstleistungsumgebung (z. B. Räumlichkeiten, Möblierung, Farbgebung) gestaltet werden sollen. Steht hingegen die Kommunikation zwischen Kunden und Mitarbeitern im Vordergrund, dient die Projektion lediglich als Bühnenbild für das sogenannte Unternehmenstheater. Der Platz vor dieser Wand ist dann eine Bühne, auf der Schauspieler den Ablauf einer Dienstleistung in verschiedenen Fassungen „durchspielen". Um diese Fläche herum gruppieren sich die Zuschauer und geben ihr Feedback zur Verbesserung des Dienstleistungskonzepts.

An der Decke des Labors ist eine Videokamera angebracht, mit der das Geschehen im Raum aufgezeichnet werden kann. Bei Bedarf werden ergänzend hierzu Handkameras eingesetzt. Über ein Soundsystem können Musik oder Geräusche eingespielt werden. Zusätzlich sind im ServLab mehrere Duftsäulen installiert, um auch mit Gerüchen experimentieren zu können und damit einen noch realistischeren Eindruck von der Dienstleistungsumgebung zu erzeugen.

Außerdem ist das Labor mit umfangreicher Software ausgestattet (z. B. Ideenmanagement, Prozessmodellierung), welche die Entwicklung der Dienstleistung unterstützt (Myritz 2014, S. 12).

▶ **Tipp** Der Laborcharakter der Arbeit im ServLab bietet Ihnen die Chance, Fehler machen zu dürfen, ohne wirtschaftliche Konsequenzen befürchten zu müssen. Die Beobachtungen und Erfahrungen einer experimentellen Herangehensweise eröffnen Ihnen gefahrlos die Möglichkeit, neue Wege zur Lösung eines Problems zu erproben. Im besten Fall halten Sie am Ende Ihrer Visualisierung im Service Blueprint einen Lösungsansatz in der Hand, den es so noch nicht gegeben hat. Sie haben dann ein Alleinstellungsmerkmal entwickelt, das Ihnen im Wettbewerb Vorteile bringt.

Beispiel Ulrich Bergmann 2

Ulrich Bergmann visualisierte zusammen mit einem Expertenteam des Fraunhofer IAO seine drei Kundenkontakte in einem Service Blueprint. Schauspieler spielten im Rahmen des Unternehmenstheaters die jeweilige Situation sowohl in einem ersten Telefonkontakt als auch im virtuellen Badezimmer eines Kunden beim Aufmaßtermin und schließlich beim dritten Kundenkontakt im Showroom des Unternehmens durch. Bereits beim ersten Kundenkontakt am Telefon ermittelte Ulrich Bergmann vier mögliche Fehlerquellen (vgl. Abb. 6.1, F1 bis F4). Mal wurden die Kundendaten nicht vollständig erfasst, dann gab der Mitarbeiter die Gesprächsführung aus der Hand und ließ den Kunden einfach reden, weil er das Kaufinteresse des Kunden falsch einschätzte. Schließlich vereinbarte er keinen verbindlichen Nachfolgetermin.

Dabei ist der erste Kundenkontakt von entscheidender Bedeutung für den Verkaufserfolg. Aber Ulrich Bergmann weiß auch: „Hier kann besonders viel schiefgehen. Manchmal stört der Anruf mitten in einem Beratungsgespräch mit anderen Kunden, oder aber der Mitarbeiter, der das Gespräch entgegengenommen hat, weiß nichts mit den geäußerten Wünschen anzufangen, vertröstet den Anrufer oder wimmelt ihn gleich ganz ab. Der Anrufer spürt jedenfalls, dass sein Anruf ungelegen kommt und beendet meist sehr schnell das Gespräch. Dieser mögliche Auftrag ist schnell und endgültig verloren." (Myritz 2009, S. 21).

Auch beim Aufmaßtermin im Bad des Kunden läuft es nicht immer optimal (vgl. Abb. 6.1, F5 bis F7). Mal ist der Mitarbeiter nicht pünktlich. Dann betritt er in schmutzigen Schuhen das marmorgefliesete Bad. In der Eile dokumentiert er die Maße nicht vollständig. Er versäumt es auch, den Kunden im Gespräch

über das vollständige Leistungspaket und den Kostenrahmen zu informieren. "Nicht der Zufall darf diesen Termin bestimmen", sagt Ulrich Bergmann. "Das muss der Unternehmer tun. Also müssen alle Prozesse genau durchdacht und dann systematisch abgearbeitet werden" (Myritz 2009, S. 23).
Der dritte Kundenkontakt findet im Showroom von Ulrich Bergmann statt. Der Unternehmer will dem Kunden das Ergebnis seiner Planungsarbeit sowie die Kalkulation präsentieren, um den Auftrag zu bekommen. Endlich steht der Kunde im Unternehmen – aber allein. Damit ist er nicht entscheidungsfähig (vgl. Abb. 6.1, F8*). Darüber hinaus versteht der Kunde das Abrechnungsmodell nicht, und dem Unternehmer gelingt es nicht, sich verständlich zu machen (vgl.* Abb. 6.1, F9*). Ein Auftragsabschluss kommt nicht zustande.*

Ist der Gesamtprozess einmal auf diese Weise chronologisch dokumentiert, lassen sich leicht Ansatzpunkte für Korrekturen erkennen. Schnell wird deutlich, wo der Prozess vereinfacht werden kann oder wo er detaillierter beschrieben werden muss. Vor allem aber haben Sie es jetzt selbst in der Hand, die im Prozessverlauf erkannten Fehlerquellen abzustellen und damit die Dienstleistungsumgebung zu optimieren. Besonders spannend ist jedoch die Frage, an welchen Punkten der Kunde auf andere Art und Weise als bisher in den Prozessverlauf eingebunden werden kann. Solche Änderungen bieten die Chance auf grundlegende Dienstleistungsinnovationen und damit einen strategischen Wettbewerbsvorteil gegenüber den Mitbewerbern.

Beispiel Ulrich Bergmann 3
Die Arbeit mit dem Service Blueprint sowie das Experimentieren mit dem Unternehmenstheater im ServLab des Fraunhofer IAO eröffnete Ulrich Bergmann einen mehrfachen Nutzen: "Die prinzipielle Neuerung für uns ist, dass wir bei jedem Termin immer die Auftragserteilung zum Ziel haben, egal, ob es sich um den ersten, den zweiten oder den dritten Kundenkontakt handelt." Dafür wurden verschiedene Hilfsmittel erarbeitet, u. a. ein Budgetplan mit allen preisrelevanten Fragen zur Vorbereitung einer Grobkalkulation. So ist es beispielsweise möglich, bereits beim ersten Kundenkontakt eine Auftragsentscheidung herbeizuführen.

Zusätzlich zieht Ulrich Bergmann für die vollständige Bestandsaufnahme eine standardisierte Leistungsübersicht heran. Der Unternehmer entwickelte eine Komplett-Bad-Strategie mit Kombinationsmöglichkeiten für vier unterschiedliche Badkonzepte. Der Kunde wird also bereits zu Beginn des Prozesses vor eine Entscheidungssituation gestellt. Er kann sich für ein sogenanntes Bronze-, Silber-, Gold- oder ein Platin-Bad entscheiden.

6.2 Inszenieren Sie den Dienstleistungsprozess im Labor

Ulrich Bergmann ist damit in der Lage, einen seriösen Richtpreis anzubieten und so innerhalb einer halben Stunde die Entscheidung über eine Auftragserteilung herbeizuführen. Lehnt der Kunde ab, entfallen automatisch die Kosten für den Aufmaßtermin und alle weiteren Kundenkontakte. Der Aufwand für die Akquise von zehn Neukunden von jetzt 16,5 h im Verhältnis zu bisher rund 80 h bedeutet eine Reduzierung des gesamten Akquiseaufwandes um über 75 %. Die Zeiteinsparung nutzt Ulrich Bergmann jetzt zur schnelleren Abarbeitung seiner laufenden Aufträge.

Darüber hinaus generierte er einen weiteren Nutzen. Quasi nebenbei entstand als Konsequenz seiner Beschäftigung mit Fragen der betrieblichen Standardisierung und Modularisierung eine innovative neue Dienstleistungsidee. Unter dem Titel „Fachmännische Haus- und Badrenovierung" lädt der Unternehmer regelmäßig Interessenten zu einem Vortragsabend ein und erläutert nun einem größeren Personenkreis gleichzeitig seine Komplett-Bad-Strategie. 30 Gäste besuchten sein Unternehmen allein zu den ersten fünf Veranstaltungen, überwiegend Ehepaare. Anschließend erfolgten neun Einladungen zu Aufmaßterminen, aus denen schließlich sieben Aufträge zur Badsanierung wurden. „Der Erfolg unserer neuen Dienstleistung hat sogar mich selbst überrascht", gesteht er (Myritz 2009, S. 30 f.).

▶ **Tipp** Gerade im Neukundengeschäft ist es hilfreich, dem Kunden einen möglichst tiefen Einblick in den vollständigen Dienstleistungsprozess zu ermöglichen und ihn auch über alle Aktivitäten zu informieren, die unterhalb der Sichtbarkeitslinie in Ihrem Unternehmen ablaufen. Dies dient nicht nur der Vertrauensbildung zwischen Ihnen und dem Neukunden. Diese Transparenz weckt darüber hinaus auch das Verständnis des Kunden für den tatsächlichen Umfang und die komplexe Struktur der Leistung. Schließlich ist diese Offenheit auch geeignet, die Zahlungsbereitschaft Ihres Kunden zu erhöhen. Voraussetzung für ein transparentes und von Vertrauen geprägtes Verhältnis zwischen Unternehmer und Kunde ist in jedem Fall, dass der Kunde bereits Teil des Dienstleistungsprozesses geworden ist. Je früher dies geschieht, umso erfolgreicher verläuft die Interaktion von Unternehmer und Kunde im Dienstleistungsprozess. Dabei beschreiten beide Seiten mitunter gänzlich neue Wege und übernehmen teilweise sogar neue Rollen im Dienstleistungsprozess.

Beispiel Ulrich Bergmann 4

Das Service Engineering trägt Prozesscharakter, und so ist es nicht verwunderlich, dass Ulrich Bergmann auch nach seiner Tätigkeit als Pilotbetrieb im Rahmen des itb-Forschungsprojekts die Entwicklungen in seinem Unternehmen weiter vorangetrieben hat. Inzwischen hat sich Grundsätzliches geändert. „Nicht wir machen heute den ersten Schritt zum Auftrag, sondern der Kunde selbst", sagt Ulrich Bergmann. Auf seiner Homepage wird der potentielle Kunde auf den Button „Online-Hausaufgaben" geführt. Hier beantwortet er systematisch eine Reihe von Fragen zu seinem Bad. Um diese Antworten zu erhalten, benötigte der Unternehmer bisher drei Kundenkontakte (vgl. Beispiel Ulrich Bergmann 2). „Über die Beantwortung der Fragen und die Auswahl der einzelnen von mit vorgegebenen Komponenten kann der Kunde nun online eine Wunschliste für sein neues Traumbad erstellen", erklärt Ulrich Bergmann seine digitale Neuerung. Am Ende kann er ein qualifiziertes Angebot für eine Badrenovierung erstellen, ohne den späteren Kunden auch nur einmal für das erste Angebot getroffen zu haben.

Der potentielle Kunde beschreibt heute online sein aktuelles Bad und informiert damit den Unternehmer über Größe und Lage des Raumes, über seine aktuelle Ausstattung bis hin zu den Fliesen und den Winkeln der Wasserleitungen. Zusätzlich wird der Bad-Interessent aufgefordert, Fotos des Bades online hochzuladen und seine Informationen zu illustrieren. Mit diesen Angaben erstellt Ulrich Bergmann von seinem Schreibtisch aus ein erstes Angebot. Die Vorteile sind vielfältig: „Erstens – ich erspare mir ein erstes, häufig wenig konkretes Gespräch, weil der Kunde die für mich wichtigen Informationen meist nicht zur Hand hat. Zweitens – ich erspare mir den Aufmaßtermin, denn das erledigt der Kunde selbst. Drittens – der Kunde führt all die notwendigen Tätigkeiten zur Ermittlung des Ist-Zustandes in seinem Bad selbst aus und beteiligt sich auf diese Weise aktiv an den bevorstehenden Renovierungsarbeiten. Damit wächst seine Motivation zum Mitmachen, er ist für Rückfragen empfänglicher, und er geht freiwillig eine Bindung mit mir und meinem Unternehmen ein."

Das jedoch sei noch nicht alles, so Bergmann. Durch die gemeinsame Arbeit werde das Verhältnis zwischen dem Kunden und dem Dienstleistungsunternehmen emotionaler. Man komme besser ins Gespräch, wenn der Kunde von Anfang an dabei sei und deshalb genau wisse, was von seinen Antworten auf die Fragen des Unternehmers abhänge. Darüber hinaus ergäben sich nicht selten völlig neue Blickwinkel auf die anstehende Dienstleistung, berichtet Bergmann: „Sollen beispielsweise Fragen nach Duschhygiene und gesundheitlichen Aspekten im Bad beantwortet werden, so geschieht dies durch das

Online-Hausaufgaben-System am Telefon wesentlich zugänglicher, als wenn der Kunde mit seiner Frau im ersten Kundenkontakt vor mir säße. Der Kunde ist jetzt einfach offener."

Ulrich Bergmanns konsequente Beschäftigung mit dem Service-Engineering-Prozess und die Kenntnis möglicher Fehlerquellen im Rahmen der ersten drei Kundenkontakte, die er sich mit Hilfe des Service Blueprintings verschaffte (vgl. Beispiel Ulrich Bergmann 3), ließen ihn nach einer neuen Form der Auftragsakquise suchen. Die Lösung liegt für ihn in einer zusätzlichen Dienstleistung, die er auf der Website seines Unternehmens anbietet, indem er den interessierten Online-Besucher mit einer Reihe von Fragen konfrontiert, an deren Ende drei Ergebnisse stehen: Erstens – der Online-Besucher macht den ersten Schritt einer Kontaktaufnahme und liefert dem Unternehmer sämtliche Informationen, die der für ein Angebot benötigt. Zweitens – der Unternehmer liefert seinem Online-Besucher ein qualifiziertes Angebot und nutzt gleichzeitig die Möglichkeit, ihn telefonisch besser kennenzulernen und ihn für eine spätere Zusammenarbeit an sein Unternehmen zu binden. Drittens – der Unternehmer darf davon ausgehen, dass der Online-Besucher in 99 % aller Fälle zu seinem Kunden wird, und das alles, ohne dass der Unternehmer die zeit- und kostenträchtige Prozedur der drei Erstkontakte zu absolvieren hätte.

6.3 Entwickeln Sie eine Checkliste mit Problemlösungsmethoden

Im Verlauf Ihrer analytischen Tätigkeit bei der Gestaltung und Optimierung eines Dienstleistungsprozesses werden Sie mit einer Reihe von möglichen Fehlern und Problemen konfrontiert. Viele davon lösen Sie aufgrund Ihrer unternehmerischen Kompetenzen und Erfahrungen sowie mit Unterstützung Ihrer Mitarbeiter. Dennoch ist nicht jedes Problem ausschließlich durch jahrelange Routine aus der Welt zu schaffen. Gerade bei der Entwicklung neuer, innovativer Ideen begegnen Sie nicht selten völlig neuartigen Herausforderungen und Fragestellungen. Nutzen Sie deshalb auch hier die Chancen, die Ihnen das Instrumentarium des Service Engineering bietet.

Die Möglichkeiten des Einsatzes der verschiedenen Methoden und Instrumente des Service Engineering-Prozesses sind vielfältig. So kann beispielsweise der Aktivitätenfilter (vgl. Abb. 3.2) nicht nur als Analyseinstrument bereits vorhandener Dienstleistungen genutzt werden. Die Methode hat darüber hinaus auch

Problemlösungsmethoden					Betrieb: Eis-Café Camerin			Datum		
					Geschäftsfeld:			Blatt		
lfd. Nr.	Phase im Kundenkontaktkreis				auftretendes bzw. aufgetretenes Problem	wahrscheinliche bzw. festgestellte Ursache	zur Lösung angewendete bzw. anwendbare Methode	gefundene Lösung bzw. durchzuführende Maßnahme	Nutzen	
	Information	Angebot / Kauf	Auftragsausführung	Nutzung					für den Betrieb	für den Kunden
1	x				Kundenwünsche werden nicht erfragt	Nachlässigkeit	Morphologisches Tableau	Testkäufe veranlassen	Erkenntnis über Schwachstellen	Kunde fühlt sich verstanden
2			x		Störungen im Auftragsablauf	Vergesslichkeit	Blueprinting	Checklisten entwickeln	Verbesserung der Abläufe	Verkürzung der Auftragszeit
3	x		x	x	Service unfreundlich	keine Motivation	Morphologisches Tableau	regelmäßige Trainings	Erhöhung der Kundenbeziehung	Kunde fühlt sich wohl
4	x				keine kindgerechten Werbemittel	fehlende Aufmerksamkeit	Morphologisches Tableau	Besuch von Kindergärten	Kunde "Kind" beeinflusst Erw.	Kunde Kind fühlt sich angesprochen
5			x		Kunden ansprechen der Mitarbeiter	Nachlässigkeit	Blueprinting	Namensschilder	Uniformität	Direktes Ansprechen möglich
6				x	Keine Ersatzmaschinen	Nachlässigkeit	Morphologisches Tableau	Checklisten entwickeln über Zustand und Einlagerung	Kein Stress	keine Wartezeit
7				x	Reklamationsbearbeitung	keine einheitliche Regelung	Blueprinting	Kundenbefragung zur Zufriedenheit	Besseres Image	Wertschätzung am Feedback
8				x	keine MA-Springer für Stoßzeiten	fehlender Verantwortlicher	Morphologisches Tableau	Checkliste	Höherer Absatz	Kürzere Wartezeit
9		x			keine Angebote für besondere Ereignisse	Nachlässigkeit	Morphologisches Tableau	Checkliste	Erhöhung der Kundenbeziehung	"Aha"-Effekt
10	x				Mangelnde Informationen über Zusatzstoffe	Nachlässigkeit	nicht erforderlich	Sichtbare Aushänge	Neue Kundenbeziehungen	höhere Sicherheit

Abb. 6.2 Übersicht Problemlösungen Eis-Café Camerin. (vgl. Harms, D.-J. et al. 2009, S. 33)

das Potential als Planungsinstrument für zusätzliche, neue Dienstleistungen. Das Morphologische Tableau (vgl. Abb. 5.2) etwa erweist sich durch die Vielzahl seiner Kombinationsmöglichkeiten als schier unerschöpfliches Problemlösungstool. Immer aber ist der Kundenkontaktkreis (vgl. Abb. 3.1) der Ausgangspunkt Ihrer Lösungsstrategie. Aus Ihrer exakten Kenntnis der Punkte im betrieblichen Leistungszyklus, an denen Sie oder Ihre Mitarbeiter auf den Kunden treffen, entwickeln Sie nach und nach ein weiteres Hilfsmittel – eine Checkliste mit den wichtigsten Problemlösungsmethoden (vgl. Abb. 6.2).

Die Erarbeitung dieser Checkliste erfolgt in drei Schritten (vgl. Harms, D.-J. et al. 2009, S. 33):

1. **Wählen Sie die Dienstleistung aus:** Sie übernehmen Ihre Dienstleistung aus dem Aktivitätenfilter und ordnen sie den vier verschiedenen Phasen des Kundenkontaktkreises zu.
2. **Analysieren Sie das entscheidenden Problem:** Nachdem Sie das in der Praxis aufgetretene Problem innerhalb Ihrer Dienstleistung benannt haben, ermitteln Sie zunächst seine wahrscheinliche Ursache. Anschließend wählen Sie eine der Ihnen im Verlauf des Service-Engineering-Prozesses bekannt gewordene Methode, um nach einer Lösung bzw. nach einer Maßnahme für das jeweilige Problem zu suchen.
3. **Ermitteln Sie den Nutzen Ihres Vorgehens:** Abschließend bezeichnen Sie den konkreten Nutzen Ihres Vorgehens sowohl für Ihren Betrieb als auch für den Kunden.

6.4 Zusammenfassung

Sie haben im vierten Schritt des Service-Engineering-Prozesses die Vorbereitungen für eine erfolgreiche Markteinführung Ihrer neuen Mehrwert-Dienstleistung abgeschlossen, indem Sie ihren Prozessverlauf auf vielfältige Art und Weise visualisiert haben. Zusammen mit Ihrem Entwicklungsteam gelang es Ihnen dabei, eine Reihe möglicher Fehlerquellen zu entdecken und zu beseitigen. Damit haben Sie die Abläufe und Strukturen Ihres neuen Dienstleistungsprozesses weitgehend optimiert. Darüber hinaus ist Ihnen die Synthese Ihres betrieblichen Verständnisses und Ihrer methodischen Kenntnis aus dem Service-Engineering-Prozess gelungen. Konsequent und systematisch haben Sie Ihr Dienstleistungs-Knowhow gebündelt und einen individuellen „Werkzeugkoffer" mit diversen Instrumenten zur Problemlösung erarbeitet – Ihre Checkliste mit den erfolgreichsten

Problemlösungsmethoden. Nun kann der Startschuss erfolgen, damit die Idee das „Entwicklungslabor" Ihres Unternehmens verlassen und im unmittelbaren Kundenkontakt auf Akzeptanz und Markterfolg getestet werden kann.

Literatur

Harms, D.-J., Heinen, E., Kuiper, K., Myritz, R., Nenninger, B., Otto, U., & Strina, G. (2009). *Dienstleistungen systematisch entwickeln – Ein Methoden-Leitfaden für den Mittelstand.* Köln: Gebrüder Kopp.

Myritz, R. (2009). *Dienstleistungen aus dem Labor.* Köln: Gebrüder Kopp.

Myritz, R. (2014). *Service Engineering – in fünf Schritten zur neuen Dienstleistung.* Köln: Gebrüder Kopp.

Fünfter Schritt: So kontrollieren Sie Ihr Dienstleistungsergebnis

Im fünften Schritt des Service-Engineering-Prozesses geht es darum, auch bei der Markteinführung Ihrer neuen Dienstleistungsidee nichts dem Zufall zu überlassen. Die Kontrolle ist ein wesentlicher Bestandteil der Unternehmensführung und eine Ihrer wichtigsten Aufgaben als Unternehmer. Hier überprüfen Sie, ob die gesteckten Ziele erreicht wurden bzw. was bei der Entwicklung des Dienstleistungsprozesses weiter verbessert werden kann. Darüber hinaus ist es ebenso notwendig herauszufinden, welche Kundenbedürfnisse möglicherweise noch nicht wie erwartet befriedigt werden konnten (Harms, D.-J. et al. 2009, S. 40). Sie sollten deshalb jedes Ergebnis methodisch kontrollieren.

▶ **Tipp** Im Zusammenhang mit der Erfolgskontrolle eröffnen sich für Sie zusätzliche Möglichkeiten der Unternehmensführung. Je transparenter Sie diese Analyse für Ihre Mitarbeiter machen, desto deutlicher erkennen die Teammitglieder die Wertschätzung ihrer Arbeitsergebnisse durch den Chef. Entsprechend verantwortungsvoll, engagiert und umsichtig werden Ihre Mitarbeiter künftig zu Werke gehen. Dadurch erhöht sich insgesamt die Fehlerkultur in Ihrem Unternehmen. Die Bereitschaft zur Übernahme von mehr Verantwortung steigt bei vielen Mitarbeitern, ihre Arbeitsmotivation wächst und damit auch die Mitarbeiterbindung an das Unternehmen (Myritz 2014, S. 13).

7.1 So nutzen Sie eine Kundenbefragung

Das Messen der Kundenzufriedenheit ist eine der wichtigsten Formen der Erfolgskontrolle. Die einfachste und auch effektivste Form der Ergebniskontrolle ist eine Kundenbefragung (vgl. Abb. 7.1). Beim Einsatz einer schriftlichen Kundenbefragung gilt der eherne Grundsatz: Weniger ist mehr. Je knapper das Befragungsprotokoll ausfällt, desto größer ist die Gewissheit, dass es ausgefüllt und zurückgeschickt wird. Für eine aussagekräftige Ergebniskontrolle durch eine Befragung sollten diese Kriterien besondere Beachtung finden:

- zeitnah und aktuell fragen,
- kurz, bündig und gezielt fragen sowie
- ein ehrliches Feedback einholen (Myritz 2014, S. 13).

> **Beispiel Dietmar Vollmer 4**
>
> *„Die Kundenzufriedenheit steht für mich prinzipiell an erster Stelle" sagt Dietmar Vollmer, Geschäftsführer der Emil Vollmer Gebäudereinigung GmbH aus Stühlingen-Eberfingen. Er entwickelte einen aus lediglich zehn Fragen bestehenden Katalog, der prinzipiell jedem Kunden nach erfolgreich abgeschlossener Dienstleistung mit Bitte um Antwort vorgelegt wird (vgl. Abb. 7.1). Einerseits vermittelt die prompte Bewertungsmöglichkeit dem Kunden das Gefühl, dass seine Meinung für den Dienstleister wichtig ist. Andererseits erhält der Dienstleister durch die regelmäßige Auswertung der kurzen Fragebögen die Möglichkeit, einmal aufgetretene Fehler schnell beheben und damit ihre Wiederholung verhindern zu können.*
>
> *Darüber hinaus nutzt Dietmar Vollmer die Auswertung seiner Fragebögen als eine Methode, seine betriebliche Weiterbildung zu verbessern: „Ich habe auf diese Weise eine Form gefunden, meine Mitarbeiterinnen und Mitarbeiter aktuell und vor allem praxisnah zu trainieren." So wird Sorge getragen, dass jeder Fehler nur einmal gemacht wird. Sogar für seine Bewerbungsgespräche hat Dietmar Vollmer dank sorgfältiger Fragebogenauswertung zusätzliche Hinweise bekommen. Drei Kriterien sind es, die heute für ihn den Ausschlag geben, ob ein Bewerber im Unternehmen eingestellt wird oder nicht: seine berufliche Qualifikation, sein generelles Interesse an neuen Aufgaben und mehr Verantwortung sowie die individuelle Motivation des Bewerbers* (Myritz und Zühlke 2013, S. 37).

Mit einem etwas größeren Aufwand können Sie auch eine Kundenzufriedenheitsanalyse mit Hilfe eines Excel-Netzdiagramms durchführen (Harms, D.-J. et al.

7.1 So nutzen Sie eine Kundenbefragung

Gebäudereinigung
Emil Vollmer

Ihr Zeichen, Ihre Nachricht	Unser Zeichen, Unsere Nachricht vom	Ihr Ihr Dietmar Vollmer	Kundennummer

Vielen Dank für die Auftragserteilung.

Um künftig noch besser auf Sie und Ihre Wünsche eingehen zu können, möchten wir Sie freundlich bitten, zu den nachfolgenden Fragen Stellung zu nehmen, und eine Bewertung der erbrachten Dienstleistung abzugeben.

Bitte beantworten Sie die Fragen so, indem Sie in jeder Zeile ein Kreuz machen.
Die Bewertung reicht von ☺ = „trifft voll und ganz zu" bis ☹ = „trifft gar nicht zu".
Wenn Sie keine Aussage treffen möchten oder können, kreuzen Sie bitte das „?" für „weiß nicht" an.

		1	2	3	4	5	?
1	Ich war mit der Beratung vor Auftragserteilung zufrieden.	☺		☺		☹	?
2	Das Angebot wurde schnell und pünktlich erstellt.	☺		☺		☹	?
3	Das Angebot war aussagefähig.	☺		☺		☹	?
4	Der Auftrag wurde schnell und pünktlich ausgeführt.	☺		☺		☹	?
5	Ich war mit der Qualität der ausgeführten Arbeit zufrieden.	☺		☺		☹	?
6	Das Auftreten der Mitarbeiter war korrekt.	☺		☺		☹	?
7	Nach Abschluss wurde ich über die ausgeführte Arbeit informiert, bzw. meine Fragen wurden beantwortet.	☺		☺		☹	?
8	Der Arbeitsplatz wurde sauber verlassen.	☺		☺		☹	?
9	Der Rechnungsbetrag ist angemessen. (Preis- / Leistungsverhältnis o.k.)	☺		☺		☹	?
10	Die Rechnung ist aussagefähig und nachvollziehbar.	☺		☺		☹	?

Worauf legen Sie besonderen Wert?

_____

_____

Welche Anregungen und Verbesserungsvorschläge haben Sie für uns?

_____

_____

Für die Beantwortung der Fragen und Ihre wertvollen Hinweise danken wir im voraus.

Abb. 7.1 Kundenbefragung der Emil Vollmer Gebäudereinigung GmbH. (vgl. Myritz und Zühlke 2013, S. 36)

2009, S. 45). Sollten Sie es ganz eilig haben, befragen Sie stichprobenartig Ihre wichtigsten Kunden telefonisch nach ihrer Einschätzung. Auch eine zusätzlich durchgeführte Mitarbeiterbefragung, ein Workshop beispielsweise, kann hilfreich sein, um erste Erfahrungen des Kunden bei der Erbringung der neuen Dienstleistung so schnell und unverfälscht wie möglich bei den Entscheidern bekannt zu machen.

7.2 Verwenden Sie die Erweiterte Kontierung als Mittel der Erfolgskontrolle

Neben verschiedenen Formen zum Messen der Kundenzufriedenheit verfügen Sie auch über eine Reihe von betriebswirtschaftlichen Instrumenten der Erfolgskontrolle wie z. B. die Erweiterte Kontierung.

Erweiterte Kontierung: Diese Möglichkeit der Erfolgskontrolle bietet die Erfassung und Analyse der Kunden- und Leistungsstruktur durch eine erweiterte Gliederung der Erlöskonten in der Buchhaltung Ihres Unternehmens (Harms, D.-J. et al. 2009, S. 49).

Das Grundprinzip der Erweiterten Kontierung besteht darin, dass je nach betrieblichen Erfordernissen folgende zwei für die Kontierung der Umsätze (Umsatzerlöse) zur Verfügung stehenden Kontostellen mit einem Ziffernschlüssel wiedergegeben werden:

- die Kundenstruktur (Kundenzielgruppen)
- die Art der erbrachten Leistung bzw. Dienstleistung

Am Beispiel eines Reinigungs-Unternehmens wird die Erfassung des Leistungsanteils für einzelne Kundengruppen bei der Kontierung als einfach zu erstellendes und aussagefähiges Instrument der Erfolgskontrolle dargestellt (vgl. Abb. 7.2).

Die Erweiterte Kontierung wird in dieser Reihenfolge erarbeitet:

1. Die erste Ziffer ist für die Erlöskontenklasse, z. B. 8, vergeben.
2. Festlegung der zweiten Kontostelle für die Kundengruppe durch Vergabe der Ziffern von 0 bis 9, z. B. 0 für Privatkunden bis 50 Jahre.
3. Mit der 3. Stelle der Kontierung wird die angebotene Leistung bzw. Dienstleistung belegt, z. B. 4 für eine Gebäudereinigung im Umkreis von fünf bis zehn Kilometern.
4. Die Rechnungen werden auf die eingerichteten Konten gebucht.
5. Die Rechnungsbeträge werden in eine Auswertungstabelle übernommen und laufend addiert (vgl. Abb. 7.3)

7.2 Verwenden Sie die Erweiterte Kontierung als Mittel der Erfolgskontrolle

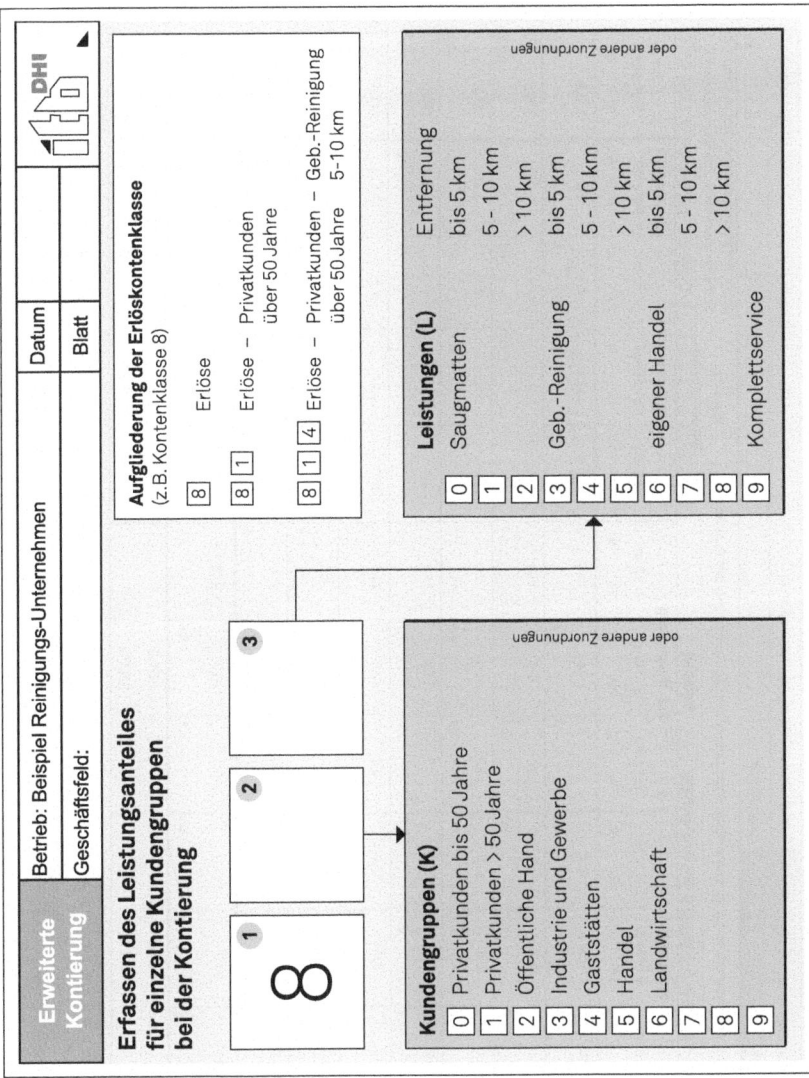

Abb. 7.2 Erweiterte Kontierung. (vgl. Harms, D.-J. et al. 2009, S. 40)

Erweiterte Kontierung

Betrieb: Beispiel Reinigungs-Unternehmen | Datum
Geschäftsfeld: | Blatt

Erfassen des Leistungsanteiles für einzelne Kundengruppen über die Kontierung der Aufträge :

Zusammenfassende Auswertung der Buchführung : **Beispiel**

Umsatz-Schwerpunkte:
26,6% Privatkunden über 50 Jahre, alle Lstg
16,9% Komplettservice; alle Kundengruppen
3,4% Saugmatten; Ind.,Gewerbe; > bis 5 km

K \ L		Saugmatten						Geb.-Reinigung						eigener Handel						Komplett-service		Summe	
		bis 5 km		5 - 10 km		> 10 km		bis 5 km		5 - 10 km		> 10 km		bis 5 km		5 - 10 km		> 10 km					
		T€	%	T€	%	T€	%	T€	%	T€	%	T€	%	T€	%	T€	%	T€	%	T€	%	T€	%
PK bis 50	T€	20,0		6,0		12,0		14,0		7,0		14,0		23,0		32,0		14,0		0,8		142,8	
	%		1,4		0,4		0,8		1,0		0,5		1,0		1,6		2,3		1,0		0,1		10,1
PK > 50	T€	20,0		15,0		14,0		35,0		42,0		18,0		37,0		65,0		58,0		72,0		376,0	
	%		1,4		1,1		1,0		2,5		3,0		1,3		2,6		4,6		4,1		5,1		26,6
Öffentliche Hand	T€	25,0		15,0		38,0		41,0		12,0		2,0		2,0		2,0		2,0		0,0		139,0	
	%		1,8		1,1		2,7		2,9		0,8		0,1		0,1		0,1		0,1		0,0		9,8
Industrie Gewerbe	T€	48,0		30,0		12,0		6,0		15,0		24,0		8,0		14,0		26,0		10,0		193,0	
	%		3,4		2,1		0,8		0,4		1,1		1,7		0,6		1,0		1,8		0,7		13,6
Gast-stätten	T€	9,0		8,0		13,0		8,0		12,0		23,0		38,0		10,0		6,0		14,5		141,5	
	%		0,6		0,6		0,9		0,6		0,8		1,6		2,7		0,7		0,4		1,0		10,0
Handel	T€	23,0		7,0		15,0		8,0		26,0		8,0		6,5		11,0		31,0		95,0		230,5	
	%		1,6		0,5		1,1		0,6		1,8		0,6		0,5		0,8		2,2		6,7		16,3
Land-wirtschaft	T€	14,0		3,0		9,0		13,0		12,0		21,0		27,0		34,0		13,0		47,0		193,0	
	%		1,0		0,2		0,6		0,9		0,8		1,5		1,9		2,4		0,9		3,3		13,6
Su	T€	159,0		84,0		113,0		125,0		126,0		110,0		141,5		168,0		150,0		239,3		1.415,8	
	%		11,2		5,9		8,0		8,8		8,9		7,8		10,0		11,9		10,6		16,9		100,0
Su	T€	356,0						361,0						459,5						239,3		1.415,8	
	%	25,1%						25,5%						32,5%							16,9		100,0

Abb. 7.3 Auswertungstabelle Erweiterte Kontierung. (vgl. Harms, D.-J. et al. 2009, S. 42)

7.2 Verwenden Sie die Erweiterte Kontierung als Mittel der Erfolgskontrolle

▶ **Tipp** Die hier dargestellte Vorgehensweise bei der Erweiterung Ihrer Kontierung lässt sich selbstverständlich jederzeit Ihren betrieblichen Voraussetzungen anpassen. Sollte Ihre Buchhaltung beispielsweise schon die beiden ersten Stellen der Erlöskontenklasse belegt haben, dann verwenden Sie einfach eine dritte und vierte Position für die detaillierte Darstellung. Sollte allerdings Ihre Finanzbuchhaltung die geschilderte Vorgehensweise nicht zulassen, richten Sie einfach eine Schnittstelle zu einer entsprechenden Excel-Tabelle ein.

Das Ergebnis der Auswertung Ihrer Erweiterten Kontierung ist eine Tabelle mit folgenden Informationen (vgl. Abb. 7.3):

- Umsätze der einzelnen Kundengruppen (K)
- Umsätze der jeweiligen Leistung bzw. Dienstleistung (L)
- Umsätze einzelner Kundengruppen mit den entsprechenden Leistungen bzw. Dienstleistungen
- Darstellung von Schwerpunkten sowie Schwächen für Umsätze und Leistungen bzw. Dienstleistungen

Bei der Auswertung der Erweiterten Kontierung im Falle des als Beispiel dienenden Reinigungsbetriebs ergeben sich folgende Erkenntnisse:

- **Kundengruppe (2. Zeile):** Insgesamt 26,6 % des Umsatzes werden mit Privatkunden erzielt, die über 50 Jahre alt sind und die unterschiedlichsten Leistungen in Anspruch nehmen. Mit dieser Kundengruppe wird der größte Teil des Umsatzes gemacht.
- **Leistungen (vorletzte Spalte):** 16,9 % des Gesamtumsatzes entfallen auf den Komplettservice des Reinigungsunternehmens, unabhängig von den Kundengruppen.
- **Ausgewählte Detailinformation A (Kreuzung vorletzte Spalte und 6. Zeile):** Der höchste Umsatzanteil einer ganz bestimmten Leistung für eine ganz bestimmte Kundengruppe entfällt mit 6,7 % auf den Komplettservice für die Kundengruppe Handel.
- **Ausgewählte Detailinformation B (Kreuzung 1. Spalte und 4. Zeile):** Auf die Kundengruppe Industrie und Gewerbe, die im Umkreis von fünf Kilometern angesiedelt ist und nur Saugmatten-Leistungen erhält, entfallen 3,4 % des Umsatzes.

Die vorliegenden detaillierten Informationen gestatten Ihnen jetzt die Bildung von Geschäftsfeldern. Jede Kombination einer Kundengruppe mit einer betrieblichen Leistungsart ergibt ein Geschäftsfeld. Planen Sie für dieses Geschäftsfeld ganz bewusst konkrete unternehmerische Aktivitäten, haben Sie es mit einem strategischen Geschäftsfeld zu tun. Bei der Bildung strategischer Geschäftsfelder sollten Sie diese Anforderungen besonders beachten:

- Im Idealfall lässt sich eine ganz bestimmte Kundengruppe eindeutig einer ebenso konkreten Leistung zuordnen.
- Als Mindestanforderung sollten sich einer ganz bestimmten Kundengruppe alle Leistungsarten oder aber einer ganz bestimmten Leistung alle Kundengruppen gemeinsam zuordnen lassen.
- Die Zahl der strategischen Geschäftsfelder sollte nicht zu groß sein, um tatsächlich konkrete Maßnahmen erfolgreich realisieren zu können. Als Faustwert gilt die Definition von drei bis maximal fünf strategischen Geschäftsfeldern. In diesem Umfang lassen sich dann für ein mittelständisches Unternehmen konkrete Marketingstrategien entwickeln und umsetzen (Harms, D.-J. et al. 2009, S. 41).

Die Arbeit mit strategischen Geschäftsfeldern erfordert konkrete Maßnahmen, um ihre Stärken entweder zielgerichtet ausbauen oder aber ihre erkannten Schwächen zügig beheben zu können. Vor diesem Hintergrund sind die Kenntnisse der Geschäftsfelder und die regelmäßige Kontrolle ihrer Entwicklung über eine bestimmte Zeitspanne hinweg entscheidend für den Erfolg Ihres Unternehmens.

Im Zeitvergleich liefert Ihnen die Auswertungstabelle auch detaillierte Informationen darüber, ob und in welcher Größenordnung sich bestimmte Maßnahmen auf die Umsatzentwicklung in konkret ausgewählten Kundengruppen ausgewirkt haben. Allerdings sei hinzugefügt, dass die Höhe des Umsatzes allein noch nichts über die Erfolgsträchtigkeit des jeweiligen Geschäftsfeldes aussagt. Dazu müssten Sie eine Nachkalkulation einzelner Aufträge durchführen.

7.3 Setzen Sie die Portfolio-Analyse als Mittel der Erfolgskontrolle ein

Strategisches Denken in der Unternehmensführung setzt Informationen über Marktentwicklungschancen und die Gewinnträchtigkeit einzelner Leistungsbereiche voraus. Zur Beobachtung im zeitlichen Ablauf der Erfolgskontrolle eignet sich z. B. die Portfolio-Analyse, auch Vier-Felder-Matrix genannt.

Portfolio-Analyse: Hierbei handelt es sich um ein wichtiges Instrument der strategischen Unternehmensführung mit dem Ziel einer Festlegung spezifischer

Strategien für einzelne Geschäftsbereiche. Zu diesem Zweck werden einzelne Geschäftsfelder nach gewünschten Attributen überprüft, die die Grenzen im Portfolio vorgeben (Harms, D.-J. et al. 2009, S. 50).

In der bekanntesten Variante der Portfolio-Analyse, einem Wachstums-Produktivitäts-Portfolio (vgl. Abb. 7.4), werden alle Produkte und Dienstleistungen eines Unternehmens in eine Vier-Felder-Matrix eingeordnet. Je nach Marktwachstum und relativem Marktanteil wird hier nach Question Mark, Star, Cash Cow und Poor Dog unterschieden. Diese Reihenfolge entspricht auch einem idealtypischen Produktlebenszyklus.

Die Position des dargestellten Fadenkreuzes im Wachstums-Produktivitäts-Portfolio kann sich beispielsweise am Branchen- oder Betriebsdurchschnitt orientieren. Für das hier dargestellte Instrument wurden diese Maßstäbe gewählt:

- Veränderung der Wertschöpfung (Wertschöpfung = Betriebsleistung – Materialeinsatz) in Prozent gegenüber dem Vorjahr
- Wertschöpfung pro Stunde im aktuellen Jahr in einem ausgewählten Leistungsbereich (Harms, D.-J. et al. 2009, S. 43).

Das Wachstums-Produktivitäts-Portfolio wird in dieser Reihenfolge erstellt:

1. Legen Sie die Leistungs- bzw. Dienstleistungsbereiche fest (Geschäftsfelder).
2. Erfassen Sie die Umsätze der entsprechenden Aufträge in Ihren ausgewählten Geschäftsfeldern.
3. Ermitteln Sie die Wertschöpfung für die gebildeten Geschäftsfelder.
4. Die Wertschöpfung wird durch die in einem Geschäftsfeld geleisteten Stunden dividiert.
5. Übernehmen Sie die Wertschöpfung für die vorangegangene Periode (z. B. Wirtschaftsjahr) und für die aktuelle Periode in eine Excel-Tabelle.
6. Jetzt übernehmen Sie die Wertschöpfung pro Stunde für die aktuelle Periode in Ihre Tabelle.
7. Ermitteln Sie folgende Daten für die gebildeten Geschäftsfelder:
    - Wertschöpfungswachstum in Prozent gegenüber der Vorperiode (z. B. Vorjahr)
    - Wertschöpfung pro Stunde für die aktuelle Periode
8. Übertragen Sie die ermittelten Daten auf die beiden Achsen der Portfolio-Grafik.
9. Der Schnittpunkt der Werte markiert Ihre Position im Portfolio-Diagramm.

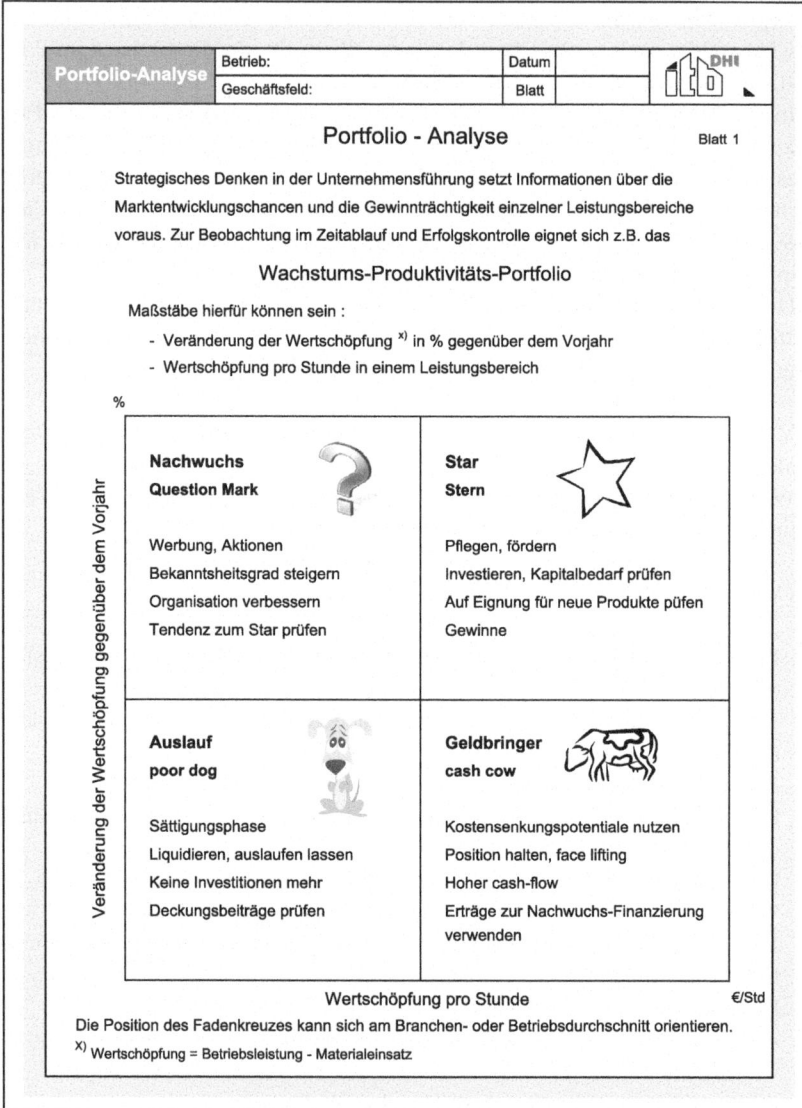

Abb. 7.4 Portfolio-Analyse, Blatt 1. (vgl. Harms, D.-J. et al. 2009, S. 43)

10. Die Durchschnittswerte für den Gesamtbetrieb bzw. den vergleichenden Branchendurchschnitt ergeben die Lage des Fadenkreuzes.

Die Analyse der Positionsveränderung der Geschäftsfelder im Zeitablauf ermöglicht Ihnen eine exakte Erfolgskontrolle. Im vorliegenden Beispiel haben sich die für das Geschäftsfeld C erarbeiteten und durchgeführten Maßnahmen positiv ausgewirkt (vgl. Abb. 7.5). Noch liegt C im Nachwuchs-Feld (Question Mark). Aber das Wertschöpfungswachstum ist im zu Grunde gelegten Vergleichszeitraum von einem Jahr deutlich stärker geworden. Auch die Wertschöpfung pro Stunde ist gestiegen.

Im vorliegenden Beispiel ist das Geschäftsfeld B der Star unter den Leistungen des Betriebs geblieben und positioniert sich heute sogar noch besser als im Vorjahr (vgl. Abb. 7.5). Ein weiterer Ausbau des Geschäftsfeldes B erscheint deshalb lohnenswert.

Das Geschäftsfeld A unseres Beispiels dagegen hat sich deutlich verschlechtert und ist der Poor Dog unseres Beispiels. Der Beispiel-Unternehmer sollte einen Rückzug seiner Aktivitäten aus diesem Geschäftsfeld erwägen und es auslaufen lassen. Allerdings setzt dies voraus, dass er die Stundenkapazität aus dem Geschäftsfeld A durch Aufträge aus anderen Geschäftsfeldern belegen kann, um Entlassungen zu vermeiden.

Das Geschäftsfeld D verzeichnet zwar ebenfalls kein Wachstum, hat aber noch eine sehr hohe Produktivität. Seine Position als Cash Cow sollte der Beispiel-Unternehmer deshalb stabilisieren, eventuell durch ergänzend angebotene Dienstleistungen (vgl. Harms, D.-J. et al. 2009, S. 44).

7.4 Zusammenfassung

Aus Ihrer neuen Idee ist im Verlauf des fünften Schrittes im Service-Engineering-Prozess eine neue Dienstleistung geworden, die Sie am Markt anbieten. Von Anfang an beobachten und messen Sie den Erfolg Ihrer neuen Dienstleistung mit Hilfe einer Reihe von Instrumenten. Dabei setzen Sie sowohl Verfahren zum Messen der Kundenzufriedenheit ein als auch Methoden zur Kontrolle des betrieblichen Erfolgs. Um möglichst schnell erste Kundenreaktionen auf Ihre neue Dienstleistung zu erfahren, haben Sie telefonische Kundenbefragungen bei Ihren Stammkunden durchführen lassen und verwenden auf lange Sicht das Instrument einer permanenten schriftlichen Kundenbefragung.

In Ihrem Unternehmen haben Sie überdies mit Hilfe der Erweiterten Kontierung aufschlussreiche Detailinformationen über den Erfolg eines Teils Ihrer

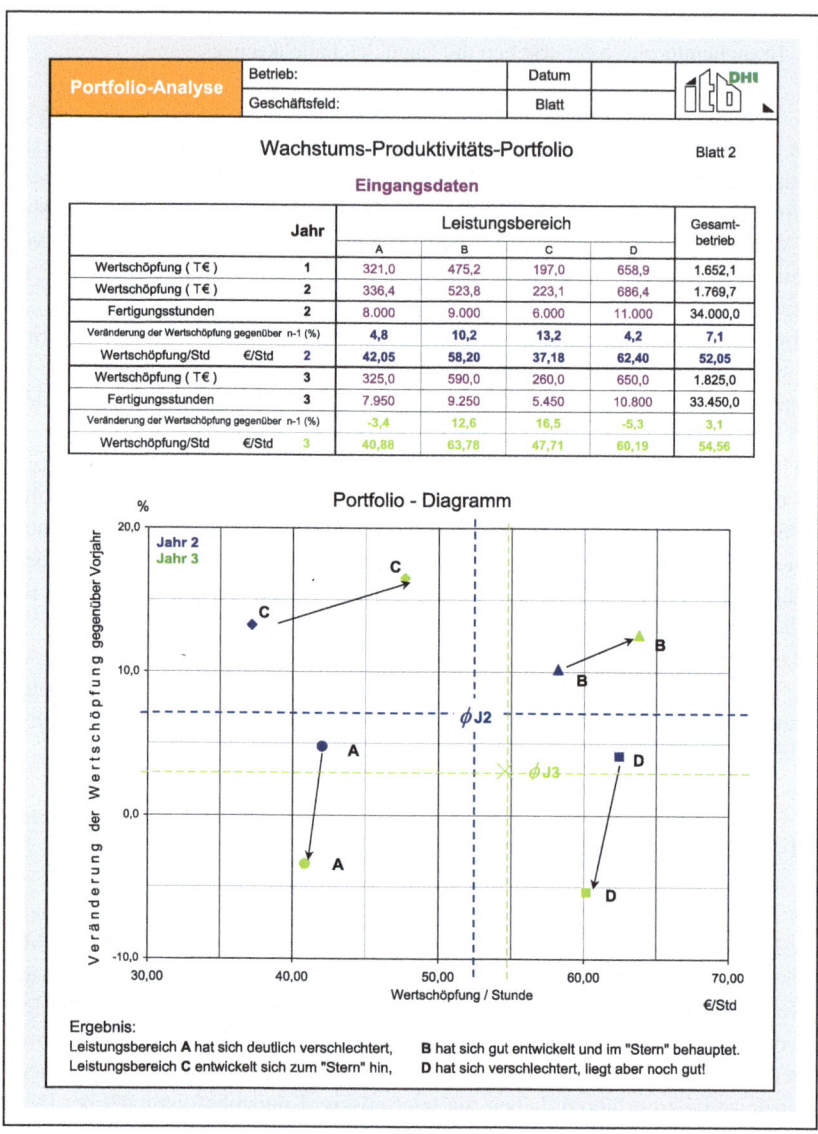

Abb. 7.5 Portfolio-Analyse, Blatt 2. (vgl. Harms, D.-J. et al. 2009, S. 43)

Leistungen bei ausgewählten Kunden sammeln können. Sie haben besonders erfolgreiche Leistungsfelder ermittelt und strategische Geschäftsfelder definiert. Im Zuge Ihrer systematischen Erfolgskontrolle verwenden Sie nun auch die Portfolio-Analyse, um die Entwicklung Ihrer ausgewählten Leistungsbereiche auch langfristig im Auge behalten zu können.

Literatur

Harms, D.-J., Heinen, E., Kuiper, K., Myritz, R., Nenninger, B., Otto, U., & Strina,G. (2009). *Dienstleistungen systematisch entwickeln – Ein Methoden-Leitfaden für den Mittelstand*. Köln: Gebrüder Kopp.

Myritz, R. (2014). *Service Engineering – in fünf Schritten zur neuen Dienstleistung*. Köln: Gebrüder Kopp.

Myritz, R., & Zühlke-Robinet, K. (2013). *Neue Wege zu modernen Dienstleistungen*. Köln: Gebrüder Kopp.

Ausblick: Wie Sie Ihre Dienstleistungsproduktivität ermitteln können – der Einsatz des Service Navigators für KMU

Wie misst man die Produktivität einer Dienstleistung? Beim Thema „Produktivität von Dienstleistungen" gibt es noch immer viele Fragen, auf die Wirtschaft und Wissenschaft nach Antworten suchen. Obwohl Produktivität bereits langjährig aus verschiedenen betriebswirtschaftlichen Blickwinkeln erforscht wurde, existiert bis heute kein klares und gefestigtes Bild der Dienstleistungsproduktivität. Einigkeit herrscht in der Einschätzung, dass Produktivität als grundlegender Faktor der volkswirtschaftlichen Leistungsfähigkeit eine zentrale Herausforderung für das Dienstleistungsmanagement darstellt und dennoch allzu oft vernachlässigt wird (Dobni et al. 2000; Higón et al. 2009; Bruhn und Hadwich 2011).

Produktivität: Der klassische Produktivitätsbegriff entstammt der Industriebetriebslehre und beschreibt die Leistungsfähigkeit der Faktorkombination des Produktionsbetriebs (Bruhn und Hadwich 2011), d. h. wie sich bei gegebener Technologie und Preisen die effizienteste Kombination der Inputfaktoren realisieren lassen.

Dienstleistungsprozesse allerdings verlaufen völlig anders als industrielle Prozesse, denn Dienstleistungen zeichnen sich durch folgende konstitutive Merkmale aus: Sie sind immateriell und deshalb nicht lagerfähig (Hipp, C. et al. 2012). Darüber hinaus entstehen sie häufig unter hohem Personaleinsatz in Interaktion mit dem Kunden. Eine Übertragung der Produktivitätskonzepte und Messinstrumente aus der Sachgüterindustrie ist deshalb nicht ohne weiteres auf den Dienstleistungssektor möglich. Im Kern geht es jedoch darum, Dienstleistungsproduktivität zu verstehen, zu messen und zu gestalten.

Vor diesem Hintergrund ist es jetzt mit dem Service Navigator für KMU erstmals gelungen, ein Instrument zu entwickeln, das die individuellen Anforderungen der Zielgruppe kleiner und mittlerer Unternehmen ebenso berücksichtigt wie Fragen der Produktivitätserfassung und Produktivitätssteuerung (Borchert, M./ Strina, G. et al. 2013). Dieser Service Navigator ist so etwas wie ein „Kompass" für den Mittelständler im Service-Engineering-Kreislauf. Sein Ziel ist es, ein individuell passendes Unternehmenskonzept zu erstellen. Jenseits der quantifizierbaren Planung stehen hier qualitative Entwicklungen im Vordergrund.

Dieses kennzahlengestützte neuartige Instrument wurde vom Institut für Technik der Betriebsführung (itb) und dem Lehrstuhl für Personal und Unternehmensführung der Universität Duisburg-Essen im Rahmen eines Projektes des Bundesministeriums für Bildung und Forschung (BMBF) erarbeitet und in Zusammenarbeit mit insgesamt 23 Pilotbetrieben und dem Autor auf seine Praxistauglichkeit hin erprobt. Es wurde dabei erfolgreich zur Messung, Steigerung und Bewertung der Dienstleistungsproduktivität eingesetzt. Letztlich stellt das Instrument eine KMU- und dienstleistungsspezifische Weiterentwicklung der Balanced Scorecard dar.

Balanced Scorecard: Die Balanced Scorecard ist ein Verbindungsglied zwischen Strategiefindung und -umsetzung. In ihrem Konzept werden die traditionellen finanziellen Kennzahlen durch eine Kunden-, eine interne Prozess- und eine Lern- und Entwicklungsperspektive ergänzt (Weber 2016).

Durch die Betrachtung der verschiedenen Aktivitäten eines Unternehmens in sechs verschiedenen Perspektiven gelingt mit dem Service Navigator für KMU die Entwicklung einer umfassenden und zielführenden Unternehmensstrategie. Analog zur klassischen Balanced Scorecard werden diesen sechs Perspektiven ebenfalls konkrete Ziele, Kenngrößen, Vorgaben und Maßnahmen zugeordnet. Zur Darstellung der Inhalte dieser Perspektiven sowie ihrer Verknüpfungen bietet sich die sogenannte Hausdarstellung an (vgl. Abb. 8.1).

Die Perspektiven sind in den drei Dimensionen einer Leistung (Potential-, Prozess- und Ergebnisdimension) strukturiert, an denen der Service Navigator ansetzt. Durch diese Betrachtungsweise wird sichergestellt, dass alle relevanten erfolgskritischen, dienstleistungsspezifischen Merkmale entlang der gesamten Wertschöpfungskette erfasst sowie Besonderheiten für Anbieter und Nachfrager herausgestellt und berücksichtigt werden.

Zur Verdeutlichung der Ursache-Wirkungs-Beziehungen der verschiedenen Ziele, Kenngrößen, Vorgaben und Maßnahmen sowie der Perspektiven werden zwei bis drei sogenannte strategische Teilpfade anhand der Service-Navigator-Perspektiven analysiert und im Anschluss daran zur Unternehmensgesamtstrategie zusammengeführt (Borchert, M./Strina, G. et al. 2013).

Strategischer Teilpfad: Unter diesem Begriff versteht man einen in sich konsistenten, abgeschlossenen Weg durch den Service Navigator für KMU, dessen Ziele, Kenngrößen, Vorgaben und Maßnahmen einzig dem Erreichen des aus dem Unternehmensgesamtziel abgeleiteten Teilziels dient.

8 Ausblick: Wie Sie Ihre Dienstleistungsproduktivität ...

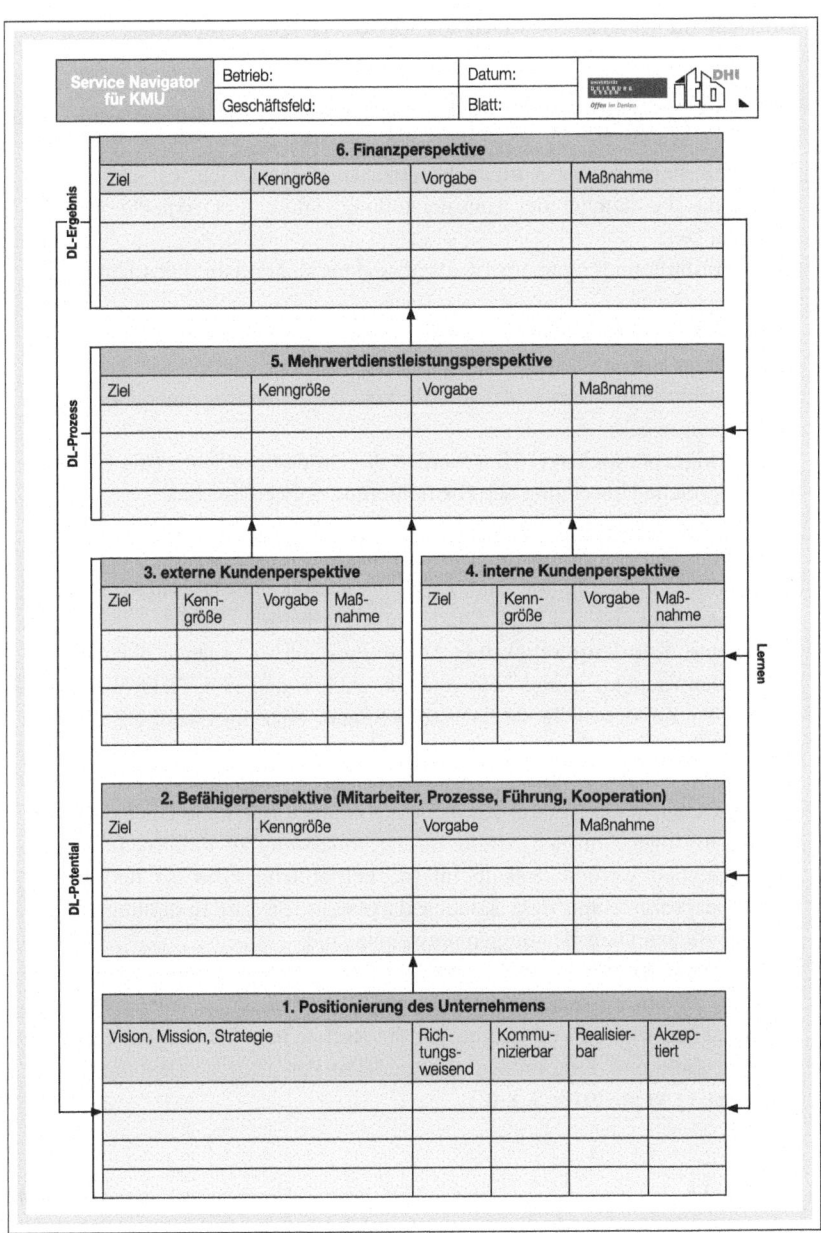

Abb. 8.1 Service Navigator für KMU. (vgl. Borchert, M./Strina, G. et al. 2013, S. 9)

Dies sind die sechs Perspektiven des Service Navigators für KMU:

Die sechs Perspektiven des Service Navigators

1. **Positionierung des Unternehmens:** Hierbei handelt es sich quasi um das Fundament der Hausdarstellung. Diese drei Aspekte werden betrachtet:
   - Formulierung einer Vision als abstraktes Zukunftsbild des Unternehmens
   - Festlegung einer Strategie als einzuschlagender Weg zur Umsetzung dieser Vision
   - Formulierung einer Mission als konkret zu verfolgender Unternehmenszweck
2. **Befähigerperspektive:** Hier werden die Größen betrachtet, die für eine erfolgreiche Umsetzung der Positionierung notwendig sind.
3. **Externe Kundenperspektive:** Im Zuge der 3. Perspektive werden Kenngrößen und Maßnahmen erfasst und analysiert, die durch den Kunden direkt wahrnehmbar sind, z. B. die Qualität einer Dienstleistung aus Kundensicht und damit die Kundenzufriedenheit.
4. **Interne Kundenperspektive:** Diese Perspektive ergänzt die externe Kundenperspektive und betrachtet die Aktivitäten und Zielgrößen, die für den Kunden nicht direkt wahrnehmbar, allerdings konkret auf ihn zugeschnitten sind.
5. **Mehrwertdienstleistungsperspektive:** Hier wird berücksichtigt, dass Unternehmen neben ihrer Kernleistung häufig zusätzliche Dienstleistungen erbringen, um den Absatz ihrer Kernleistung zu fördern. In dieser Perspektive werden deshalb interne betriebliche Prozesse und Interaktionsprozesse mit dem Kunden dargestellt, die zur Erstellung dieser zusätzlichen Dienstleistungen notwendig sind.
6. **Finanzperspektive:** Hier werden die finanziellen Ergebnisse aufgezeigt. Die 6. Perspektive kann als Endziel aller anderen Perspektiven angesehen werden und übernimmt die Rolle eines Filters für die jeweiligen Ziele und Kenngrößen aller anderen Perspektiven (Borchert, M./ Strina, G. et al. 2013, S. 8 ff.).

Die Methodik für den Einsatz des „Mittelstands-Kompasses" beruht sowohl auf einer retrospektiven als auch einer prospektivischen Betrachtungsweise der

Unternehmensentwicklung. Auf die Rekonstruktion der Unternehmensentwicklung in den zurückliegenden drei bis fünf Jahren bis hin zum aktuellen Zeitpunkt folgt also die Planung einer Vorwärtsentwicklung künftiger Aktivitäten. In beiden Fällen betrachten Sie systematisch alle sechs Perspektiven Ihres Unternehmens und planen mit Hilfe Ihrer Erfahrungen aus der Vergangenheit mögliche zukünftige Entwicklungen für Ihr Unternehmen.

▶ **Tipp** Aus mehreren Gründen ist es ratsam, bei der Arbeit mit dem Service Navigator auf die Unterstützung durch einen Unternehmensberater zu setzen, der sich als Dienstleistungsberater qualifiziert hat und mit der Methodik des „Mittelstands-Kompasses" vertraut ist. Die Betrachtung des Unternehmens durch einen Außenstehenden gewährleistet zum einen meist sehr zuverlässig den berühmten Blick über den Tellerrand hinaus. Zum anderen ist die systematische Arbeit mit dem Service Navigator zeitaufwendig und verlangt von den Beteiligten ein hohes Maß an Disziplin, was durch die regelmäßige Anwesenheit eines beratenden Außenstehenden weitgehend gewährleistet ist. Schließlich sind für den erfolgreichen Einsatz des neuartigen Mess- und Steuerungsinstruments betriebswirtschaftliche und methodische Kenntnisse erforderlich, über die nicht zwangsläufig jeder Mittelständler in ausreichendem Maße verfügt.

8.1 Zusammenfassung

Wenn Sie das Service-Engineering in Ihrem Unternehmen als einen dauerhaften Prozess verstanden haben und ihn auch künftig energisch vorantreiben wollen, stehen Sie im Anschluss Ihrer Arbeit mit der 5-Schritte-Methode zwangsläufig vor der Frage: Wo will ich mit meinem Unternehmen in Zukunft stehen? Ganz automatisch stellen Sie bei dieser Gelegenheit auch den Vergleich mit der Vergangenheit an: Wo stand ich vor drei Jahren? Sie befinden sich damit also exakt an der Stelle, in der es in der Hausdarstellung des Service Navigators um die Positionierung des Unternehmens geht. Sie stehen auf dem Fundament Ihres Unternehmens und gleichzeitig auf der Basis dieses neuartigen Instrumentariums. Die Arbeit mit dem Service Navigator ist gewissermaßen nichts anderes als die logische Fortsetzung Ihrer Unternehmensoptimierung.

Darüber hinaus spricht der vielfältige Nutzen, den ein Mittelständler durch den Einsatz des „Mittelstands-Kompasses" für die Entwicklung seines

Unternehmens ziehen kann, für eine intensive Beschäftigung mit dem Service Navigator (Borchert, M./Strina, G. et al. 2013, S. 13):

- Ausweitung des eigenen Know-hows durch Kennenlernen eines neuartigen Instruments zum Messen, Bewerten und Steuern der Dienstleistungsproduktivität von KMU,
- augenblickliche Umsetzung der ermittelten Inhalte des „Mittelstands-Kompasses" im Unternehmen,
- rasche Konkretisierung der Unternehmensstrategie oder sogar strategische Neuausrichtung auf die Stärken des Betriebs.

Literatur

Borchert, M., Strina, G., et al. (2013). *Der Service Navigator für KMU – Ein kennzahlengestütztes Steuerungsinstrument zum strategischen Produktivitätsmanagement von Dienstleistungen.* Köln: Gebrüder Kopp.

Bruhn, M., & Hadwich, K. (2011). *Dienstleistungsproduktivität. Innovationsentwicklung, Internationalität, Mitarbeiterperspektive* (1. Aufl.). Wiesbaden: Gabler (2).

Dobni, D., Ritchie, J. R. B., & Zerbe, W. (2000). Organizational values: The inside view of service productivity. *Journal of Business Research, 47*(2), 91–107.

Higón, D., Bozkurt, Ö., Clegg, J., Grugulis, I., Salis, S., Vasilakos, N., & Williams, A. (2009). The determinants of retail productivity: A critical review of the evidence. *International Journal of Management Reviews, 12*(2), 201–217.

Hipp, C., Gotsch, M., Gliem, S., & Lehmann, C. (2012). Produktivität von Dienstleistungen. *CLIC Executive Briefing No. 022*, S. 4.

Weber, J. (2016). Gabler Wirtschaftslexikon. http://wirtschaftslexikon.gabler.de/Definition/balanced-scorecard.html.

Glossar

Aktivitätenfilter Mit diesem Instrument erfolgt die Einzelbewertung der Dienstleistungen, die im Kundenkontaktkreis strukturiert und identifiziert wurden (vgl. Abb. 3.2, 3.3 und 3.4). Der Aktivitätenfilter kann flexibel zur Ermittlung der konkreten Ist-Situation oder als strategisches Planungsinstrument eingesetzt werden. Er liefert eine aussagefähige Basis, um neue Gestaltungspotentiale für das Unternehmen abzuleiten. Unter Umständen werden hier sogar erstmals Stärken oder Schwächen des Unternehmens erkennbar.

Balanced Scorecard Die Balanced Scorecard ist ein Verbindungsglied zwischen Strategiefindung und -umsetzung. In ihrem Konzept werden die traditionellen finanziellen Kennzahlen durch eine Kunden-, eine interne Prozess- und eine Lern- und Entwicklungsperspektive ergänzt.

Dienstleistungskompetenz Unter diesem Begriff ist die Bereitschaft, aber auch die Fähigkeit und die Fertigkeit eines Unternehmens zu verstehen, Dienstleistungen überhaupt anzubieten.

Dienstleistungspotential Darunter versteht man die Fähigkeit und die Bereitschaft eines Unternehmens, eine Dienstleistung durchführen zu können.

Dienstleistungsprozess Unter diesem Begriff wird der gesamte Vorgang der Dienstleistungserbringung von der Informationsphase über die Angebots- bzw. Kaufphase, die Phase der Auftragsausführung bis hin zur Nutzungsphase verstanden.

Dienstleistungsstrategie Dieser Begriff bestimmt die Dienstleistungspolitik im Marketing für die einzelnen Geschäftsfelder eines Unternehmens. Gemeint sind damit die notwendigen unternehmerischen Entscheidungen für eine zielgerichtete Stärkung der Dienstleistungen, mit deren Hilfe die

Wünsche und Bedürfnisse der Kunden von diesem Unternehmen besser befriedigt werden können als durch seine Wettbewerber.

Erweiterte Kontierung Diese Möglichkeit der Erfolgskontrolle bietet die Erfassung und Analyse der Kunden- und Leistungsstruktur durch eine erweiterte Gliederung der Erlöskonten in der Buchhaltung Ihres Unternehmens (vgl. Abb. 7.2 und 7.3).

Kern-Dienstleistung Unter diesem Begriff versteht man eine Leistung, die vom Kerngeschäft des Unternehmens ausgeht.

Kerngeschäft Dabei handelt es sich entweder um die Herstellung von Produkten oder Dienstleistungen. In den meisten Fällen bieten Unternehmen in ihrem Kerngeschäft den Kunden heute einen wohldosierten Mix aus Produkten und Dienstleistungen an. Das Kerngeschäft eines Unternehmens verändert sich permanent und folgt gewöhnlich den sich ändernden Kundenwünschen. Damit verbunden ist die Möglichkeit und oftmals die Notwendigkeit, bereits angebotenen Dienstleistungen stets zu optimieren und zusätzliche Dienstleistungen neu zu entwickeln.

Kundenkontaktkreis Instrument zur Strukturierung und Identifizierung der angebotenen Dienstleistungen innerhalb der vier Phasen des Leistungsprozesses (vgl. Abb. 3.1).

Mehrwert-Dienstleistung Sie dient dazu, das Kerngeschäft eines Unternehmens gegebenenfalls durch zusätzliche Angebote zu fördern.

Morphologisches Tableau ein aus dem Ingenieurbereich stammendes Instrument zur systematischen Ideenfindung (vgl. Abb. 5.2). Dabei werden die wesentlichen Merkmale und Funktionen einer zu entwickelnden neuen Leistung in einer Tabelle zusammengefasst. Durch Kombination verschiedener Merkmalsausprägungen ergeben sich zahlreiche neue Lösungsansätze, die es anschließend zu besprechen und zu bewerten gilt.

Portfolio-Analyse Hierbei handelt es sich um ein wichtiges Instrument der strategischen Unternehmensführung mit dem Ziel einer Festlegung spezifischer Strategien für einzelne Geschäftsbereiche (vgl. Abb. 7.4 und 7.5). Zu diesem Zweck werden einzelne Geschäftsfelder nach gewünschten Attributen überprüft, die die Grenzen im Portfolio vorgeben.

Service Blueprint Diese Methode dient der Dokumentation und der Analyse eines Dienstleistungsprozesses. Ein Blueprint stellt detailliert und transparent einen konkreten Dienstleistungsprozess in Form eines chronologisch verlaufenden Ablaufdiagramms mit entsprechenden Zuständigkeiten und Verantwortlichkeiten dar (vgl. Abb. 6.1). Die Erarbeitung und Aufzeichnung eines Service Blueprints bezeichnet man als Blueprinting. Die Methode zeichnet sich gegenüber anderen Prozessanalyseverfahren vor allem dadurch aus, dass eine sehr genaue Unterscheidung möglich ist zwischen Ereignissen, die im direkten Kontakt mit dem Kunden geschehen, und Handlungen, die im Hintergrund zusätzlich ablaufen müssen, um das gewünschte Ergebnis zu erzielen.

Service Engineering Unter diesem Begriff versteht man ein innovatives und interdisziplinäres Aufgabenfeld, das sich mit Vorgehensweisen, Methoden und Werkzeugen für die Entwicklung von Dienstleistungen beschäftigt. Dabei wird nach Antworten auf die Frage gesucht, was sich im Unternehmen planmäßig entwickeln lässt und wie dies geschieht.

Strategischer Teilpfad Unter diesem Begriff versteht man einen in sich konsistenten, abgeschlossenen Weg durch den Service Navigator für KMU, dessen Ziele, Kenngrößen, Vorgaben und Maßnahmen einzig dem Erreichen des aus dem Unternehmensgesamtziel abgeleiteten Teilziels dient.

SMART-Methode Mit dieser Methode können Sie das Ergebnis Ihrer Entscheidung auf ein konkretes unternehmerisches Ziel konzentrieren und dieses Ziel fest umrissen und nachprüfbar benennen (vgl. Abb. 4.2). SMART steht für:

- **S**pezifisch – konkret, präzise und eindeutig formuliert
- **M**essbar – sowohl quantitativ als auch qualitativ
- **A**ttraktiv – positiv und motivierend formuliert
- **R**ealistisch – erreichbar, die eigenen Möglichkeiten richtig einschätzend
- **T**erminiert – mit konkreten Terminen versehen

SWOT Die SWOT-Analyse (vgl. Abb. 5.3) steht für:

- **S**trengths (Stärken)
- **W**eaknesses (Schwächen)
- **O**pportunities (Chancen)
- **T**hreats (Gefahren)

Wettbewerbsmatrix nach Porter Die Wettbewerbsstrategie ist im Marketing von größter Bedeutung und definiert die Strategie zur Bestimmung der Produktpolitik der einzelnen Geschäftsfelder eines Unternehmens (vgl. Abb. 4.3). Sie dient der Systematisierung möglicher Strategien (Kostenführerschaft, Differenzierungs- oder Nischenstrategie) für ein Unternehmen, um sich auf dem Markt einen Wettbewerbsvorteil zu verschaffen.

The manufacturer's authorised representative in the EU is Springer Nature Customer Service Centre GmbH, Europaplatz 3, 69115 Heidelberg, Germany. If you have any concerns regarding our products, please contact ProductSafety@springernature.com

Printed and bound by CPI Group (UK) Ltd, Croydon, CR0 4YY

23/03/2026

02076396-0004